1159 平治の乱			12世紀後半　『平治物語』
			1180『明月記』（藤原定家）
1192 源頼朝征夷大将軍 （鎌倉時代）	中世	寿永（1182-1184） 建久（1190-1199）	
			1204頃　『下官集』（藤原定家）定家がなづかい
			1205　『新古今和歌集』（藤原定家ら）
		建永（1206-1207）	
			1212　『方丈記』（鴨長明）
		安貞（1227-1229）	
		寛喜（1229-1232）	
		文暦（1234-1235）	
		嘉禎（1235-1238）	1235　『却癈忘記』（明恵）
			1240頃　「小倉百人一首」
			1242頃　『宇治拾遺物語』
			1254　『古今著聞集』（橘成季）
		康元（1256-1257）	1257　『一念多念文意』（親鸞）
		正嘉（1257-1259）	
			1280　『十六夜日記』（阿仏尼）
			13世紀　『平家物語』
			1306　『とはずがたり』
		正和（1312-1317）	
		元徳（1329-1331(32)）	1330頃　『徒然草』（兼好法師）
1333 鎌倉幕府滅亡		元弘（1331-1334）	
1334 建武中興（南北朝時代）		建武（1334-1336(38)）	
1338 足利尊氏征夷大将軍 （室町時代）			1400頃　『風姿花伝』（世阿弥）能
1467 応仁の乱始まる		応仁（1467-1469）	
		文明（1469-1487）	1477　『御湯殿上日記』初年
			1477　『史記抄』（桃源瑞仙）抄物
		永正（1504-1521）	
1549 フランシスコ・ザビエル、 鹿児島に上陸		天文（1532-1555）	1535　『毛詩抄』
			1543　『四河入海』
		天正（1573-1592）	1592　『天草版平家物語』キリシタン資料

ワークブック
日本語の歴史

岡﨑友子・森勇太

本書について

　本書は日本語の歴史を基礎から、やさしく学ぶためのワークブックです。

　多くの方は中学や高校で日本の歴史、いわゆる日本史を学んだことがあると思います。それに対し、我々が日常話している日本語については、いかがでしょうか。
　もちろん『源氏物語』や『枕草子』等の古典作品を通して古い日本語に出会ったことはあると思います。しかしそれは断片的なものであり、日本語の各時代の特徴や歴史的な流れを体系的に学んだことはないのではないでしょうか。
　そこで、本書では各時代別の資料や文法・語彙・表記・音韻、そして歴史的変化を分かりやすく学んでいきます。

　また、学び方にも工夫してみました。
　最近、携帯電話・スマートフォンやパソコンばかり使用して、手で文字を書かなくなっていませんか。私たちも書く機会が少なくなっていますが、書かなくなれば書かなくなるほど、覚えが悪くなったり、漢字を忘れたり。そんなことから、テキストに直接、書き込んでもらうような体裁にしました。
愛おしい日本語の歴史を、丁寧に手で書きながら覚えていきませんか。「手で書きたい日本語の歴史」ですね。

　さあ、今から1000年以上続く日本語の歴史の旅へと出かけましょう！

【本書を使用する上での注意】

❶ 本書は日本語史をはじめて体系的に学習する大学1・2年生、日本語教育のために日本語史を学ぶ必要がある方、教養として日本語の歴史を知りたい方等を想定して編集されています。さらに専門的に知りたい方は、欄外の「注」を見て、さらに学習を進めてみてください。

❷ 用例は特に注記がないものについては、『新編日本古典文学全集』（小学館）を使用しています。なお、その他の資料は本書末の「用例出典」に示してあります。

❸ 時代区分については、第1講で述べるように、「上代・中古・中世・近世・近代・現代」で示しますが、特に時期的に限られている場合には、院政期・鎌倉時代・室町時代・明治時代等を使用します（例：中世でも鎌倉時代ではなく、室町時代に起こった変化は、室町時代と記載）。また重要なものには西暦と和暦も記載しました。

❹ 「上方（語）」という用語は近世の京都・大坂のことば、つまり「江戸（語）」に対する用語として使用しています（『国史大辞典』によると、「上方」の呼称は「すでに中世末に用いられていたようであるが、（中略）なお江戸が新たな政治の中心として急速な発展をするにつれて、それに対立するものとして京都・大坂を中心とする文化的・経済的な上方なる概念も生じた」とされています）。なお、本書の上方は「京都・大坂」をさします。

❺ 典拠となる重要な研究については、出来る限り欄外の「注」に示しました。また、新しい研究も取り入れていますが、現在、日本語の研究分野で通説と考えられているものを選びました。

❻ 専門用語等については、分かりやすくするため欄外にその説明を記し、「解説」で示しました。

❼ 本文に出てきた事項のうち、他の講で詳しく述べられている事項は「参照」で示しました。

❽ 本文中の用例のうち、解釈が難しいものについては、現代語訳をつけ、「訳」で示しました。

❾ 節見出しは色が薄いものが「基礎編」、濃いものが「応用編」となっています。

❿ 空欄について、「　」には一般の用語、『　』には書物や文学作品の名称、【　】には時代区分、年代、年号に関する用語が入ります。1つの講の中で同じ番号の空欄には同じことばが入ります。

目　次

■本書について…2　　■本書を使用する上での注意…3　　■キーワード一覧…6

第1講	総　論…………10
第2講	日本語の一番古い姿（上代）…………14
第3講	書きたい！日本のことば…………18
第4講	酒＝「サケ」、酒屋＝「サカヤ」…………22
第5講	王朝文学、花開く（中古・和文資料）…………26
第6講	漢文力！（中古・訓点資料）…………30
第7講	「いろはにほへと」は諸行無常…………34
第8講	漢文訓読・和文のことばと、古代語の色…………38
第9講	起く・起くるとき・起くれば…………42
第10講	食ひつ、食ひき、食はむ…………46
第11講	「ぞ」がきたら文末は連体形！…………50
第12講	武士の時代へ（中世前期）…………54
第13講	狂言・抄物・キリシタン資料（中世後期）…………58
第14講	モジモジことば…………62
第15講	庶民の文化、栄える（近世）…………66
第16講	「こんにった」「ねんぶっと」…………70

第17講	**一段化、完了！** ……… 74
第18講	**武士・江戸っ子・遊女のことば** ……… 78
第19講	**国学者たち** ……… 82
第20講	**文明開化(近代)** ……… 86
第21講	**君、近代のことばを学びたまえ** ……… 90
第22講	**吾輩のウォッチであとテンミニッツ** ……… 94
第23講	**現代にも起こっている変化** ……… 98
第24講	**「標準語」はつくられた？** ……… 102
第25講	**発音の変化のおさらい** ……… 106
第26講	**「おほね」から「だいこん」へ** ……… 110
第27講	**日本語の分析的傾向** ……… 114
第28講	**古代語に「です」「ます」はなかった** ……… 118
第29講	**頼み方、謝り方の歴史** ……… 122
第30講	**こ・そ・あ** ……… 126

■あとがき …130　　■用例出典 …130　　■掲載図版一覧 …131

▶キーワード一覧

NO	講名	項目	キーワード
1	総論	時代区分、日本語を知る資料、話しことばを探る、日本語はいつから？、漢字の伝来、神代文字という考え	文字資料、口語資料、稲荷山古墳出土鉄剣銘、神代文字
2	日本語の一番古い姿（上代）	時代背景、『万葉集』の読み、東歌・防人歌、上代の資料についての言及－本居宣長『うひ山ぶみ』、『万葉集』の「戯書」、その他上代語の資料	万葉仮名、東国的な要素、『新撰字鏡』
3	書きたい！日本のことば	万葉仮名、上代特殊仮名遣い、本居宣長・石塚龍麿・橋本進吉、平仮名・片仮名の発生、宣命書き	万葉仮名、甲類・乙類、音仮名・訓仮名、『仮名遣奥山路』、草体
4	酒＝「サケ」、酒屋＝「サカヤ」	古代語の音節構造、母音連続の回避、単音節語、露出形と被覆形、子音交替・母音交替、母音調和	拗音、撥音、促音、長音、母音融合、子音挿入、母音脱落、一音節語、阪倉篤義、同音衝突、有坂・池上法則
5	王朝文学、花開く（中古・和文資料）	時代背景、平安初期、平安中期、本文異同、『枕草子』の諸本、『土左日記』、平安後期・末期、説話集『今昔物語集』	国風暗黒時代、訓点資料、片仮名宣命体、『東大寺諷誦文稿』、和文、自筆本、異同、『枕草子』能因本系統本・三巻本系統本・前田家本・堺本系統本、『土左日記』藤原為家本・藤原定家本、『今昔物語集』鈴鹿本
6	漢文力！（中古・訓点資料）	漢文・漢詩・訓点資料、和化漢文（変体漢文）、訓点資料、加点とは？、和文資料と訓点資料、訓点資料を読んでみよう！	六国史、『御堂関白記』、南都、ヲコト点、片仮名、漢籍、国書、『金光明最勝王経』、『地蔵十輪経』、『大慈恩寺三蔵法師伝古点』、点図
7	「いろはにほへと」は諸行無常	ア行の「エ」とヤ行の「エ」、音便、撥音「ん」の表記、現代語のヘボン式「ん」、促音「っ」の表記	あめつち、たゐに、いろは歌、『金光明最勝王経音義』、五十音図、『孔雀経音義』、イ音便、ウ音便、促音便、撥音便
8	漢文訓読・和文のことばと、古代語の色	訓読特有語・和文特有語、作者は男性！？、日本語の色名、色の伝統的な対立、アオとアカ、『万葉集』のミドリ	『土左日記』、紀貫之、『竹取物語』、白・黒・赤・青
9	起く・起くるとき・起くれば	動詞の活用、形容詞・形容動詞の活用、活用に起きた変化、形容詞の活用と意味、活用語尾に含まれる「あり」	強変化動詞、弱変化動詞、ク活用、シク活用、終止形・連体形の合流、二段動詞の一段化、カリ活用、ナリ活用、タリ活用

NO	講名	項目	キーワード
10	食ひつ、食ひき、食はむ	古代語の助動詞、古代語のアスペクト・テンス、助動詞「り」、なぜ、已然形と命令形？、「たり」から「た」へ	ヴォイス、アスペクト、テンス、モダリティ、文法カテゴリー、完成相、結果・効力の継続、テ形補助動詞
11	「ぞ」がきたら文末は連体形！	係り結び、「が」と「の」と「を」、準体句、連体形終止	係助詞「ぞ・なむ・や・か・こそ」、強調、疑問、主格、属格、接続助詞、ヒト・モノ
12	武士の時代へ（中世前期）	中世前期・後期の時代背景、文体―院政期から鎌倉時代へ、軍記物語『平家物語』、中世前期の資料、仏教関係の資料、平仮名と片仮名、『方丈記』、定家仮名遣い	和漢混淆文、『平家物語』読み本系・語り本系、真名本、親鸞、日蓮、明恵、『新撰髄脳』、『方丈記』、大福光寺本、『池亭記』、藤原定家『下官集』
13	狂言・抄物・キリシタン資料（中世後期）	中世後期の文化、狂言、奈良絵本・節用集、抄物、東国資料、外国資料―キリシタン資料、キリシタン資料、外国資料―朝鮮資料『捷解新語』	『大蔵虎明本狂言』、手控、聞書、『史記抄』、『四河入海』、東国抄物、『日葡辞書』、ロドリゲス『日本大文典』、『天草版平家物語』、「天草版伊曽保物語」、『懺悔録』、サ行のセ
14	モジモジことば	中世の語彙、女房ことば、女房ことばが現れる資料、広がる女房ことば、近世の女房ことば、武者ことば、外来語	『海人藻芥』、『大上臈御名之事』、『御湯殿上日記』、『日葡辞書』の婦人語、『女重宝記』、忌みことば、ポルトガル・スペイン語
15	庶民の文化、栄える（近世）	時代背景、近世初期の上方の資料、近世前期、近世初期の上方の資料、近松門左衛門の人形浄瑠璃『曽根崎心中』、近世前期の東国資料、近世後期	井原西鶴、松尾芭蕉、近松門左衛門、世話物、時代物、『醒睡笑』、『きのふはけふの物語』、『かたこと』、道行、『雑兵物語』、『三河物語』、洒落本、黄表紙、合巻、滑稽本、人情本、『浮世風呂』
16	「こんにった」「ねんぶっと」	連声、拗音、連母音の融合と開合の区別、四つ仮名の合流	漢字音、開拗音、合拗音、母音連続、オ列長音「開音」「合音」、江戸語、『蜆縮涼鼓集』
17	一段化、完了！	二段動詞の一段化、近世前期の一段化率、ナ行変格活用の四（五）段活用化、条件表現（仮定）	上二段、上一段、下二段、下一段、坂梨隆三、一段化率、四段活用、五段活用、「已然形＋ば」、確定条件、恒常条件、偶然確定、必然確定
18	武士・江戸っ子・遊女のことば	近世の位相におけることばの違い、『夢酔独言』における江戸っ子（男性）のことば、遊女のことば、近世の外来語	武士のことば、町人のことば、『浮世風呂』、『夢酔独言』、ありんすことば、『解体新書』、杉田玄白、蘭学

NO	講名	項目	キーワード
19	国学者たち	文語文法（国文法）、近世の国学へ、契沖から賀茂真淵、本居宣長へ、動詞活用の研究史	雅文、『手爾葉大概抄』、国学、契沖、本居宣長『てにをは紐鏡』『詞の玉緒』、富士谷成章『かざし抄』『あゆひ抄』、本居春庭『詞の八衢』、鈴木朖『言語四種論』『活語断続譜』、東条義門『友鏡』
20	文明開化（近代）	時代背景、資料、録音資料、新しい文字―ローマ字、ローマ字表、第1表・第2表	速記本、徳川慶喜、『昔夢会筆記』、『旧事諮問録』、三遊亭円朝、仮名垣魯文『牛店雑談安愚楽鍋』、坪内逍遥『当世書生気質』、僕、吾輩、書生の言葉、蠟管、SPレコード、羅馬字会、ヘボン式、日本式、訓令式
21	君、近代のことばを学びたまえ	書生ことば、女学生のことば―「てよだわ」ことば、文体の形成、翻訳の影響	一人称代名詞「僕」「わがはい」、二人称代名詞「君」、命令表現「たまえ」「べし」、あいさつことば「失敬」、漢語、外来語、口語文、文語文、文体改革、尾崎紅葉、「である」調、山田美妙、「です」調、嵯峨野屋おむろ、「であります」調、言文一致運動、受身文、非情物名詞句、他動詞文、欧米語
22	吾輩のウォッチであとテンミニッツ	明治期の新漢語と漢語ブーム、漢語ブームが起こった理由、漢語ブームに対する意識、外来語、外来語の漢字表記	和製漢語、新漢語、中村正直、西周、『童蒙必読漢語図解』、『都鄙新聞』、英語、フランス語、ドイツ語、イタリア語
23	現代にも起こっている変化	時代背景、現代語における変化、現代仮名遣い、ら抜きことば、さ入れことば・れ足すことば	ガ行鼻濁音、平板アクセント、「じゃん」、「ちがくて」「ちがかった」、表音表記、可能表現、上一段活用、下一段活用、カ変動詞、「～せていただく」
24	「標準語」はつくられた？	室町時代末期・江戸時代初期の「標準語」、江戸語の形成、近世の方言辞書、標準語の形成	ロドリゲス『日本大文典』、国郷談、ワ行四段動詞の音便、『浜荻』、『尾張方言』、『御国通辞』、道二翁道話、方言撲滅運動、ラジオ放送、国定教科書
25	発音の変化のおさらい	母音の変化、子音の変化	上代特殊仮名遣い、ヤ行・ア行「エ」、ワ行「ヱ」、ア行「オ」、ワ行「ヲ」、合音、開音、オ列長音、サ行音、タ行音、ハ行音、ハ行転呼音、『音曲玉淵集』、『改修捷解新語』

NO	講名	項目	キーワード
26	「おほね」から「だいこん」へ	漢語の増加、漢語の日常語化─和製漢語・湯桶読み・重箱読み、漢語の日本語化、漢字音	和語、仏教用語、和製漢語、音便化、長母音化、韻尾の脱落、呉音・漢音・唐音
27	日本語の分析的傾向	日本語の分析的傾向、論理的な表現へ─条件表現、文法化、文法化の特徴	推量表現、打消意志、打消推量、打消の過去、未然形＋ば、已然形＋ば、「たら」「なら」「ば」、「と」「ので」「たら」、意味の漂白化、脱範疇化、形態的縮約
28	古代語に「です」「ます」はなかった	敬語の分類、素材敬語から対者敬語へ、自敬表現、絶対敬語から相対敬語へ、敬意逓減	尊敬語、謙譲語Ⅰ、謙譲語Ⅱ、丁寧語、美化語、王者のことば、敬意逓減の法則、貴様
29	頼み方、謝り方の歴史	発話行為、依頼表現に使われる言語形式、命令表現に使われる言語形式、平安時代の謝罪・断り表現の歴史	人間関係の調整、発話機能、聞き手の身分、敬語、定型の前置き表現、配慮、動詞の命令形、否定疑問形、対人配慮、事情説明
30	こ・そ・あ	現代語の指示詞の用法、古代語の指示詞、カ行（Kの系列）とサ行（Sの系列）の対立、いつソ系列は直示用法を獲得するのか、曖昧なソ	コ系（列）・ソ系（列）・ア系（列）、カ系列、カク系列・サ系列、指示代名詞、指示副詞、直示用法、照応用法、観念用法

第1講　総論

　これから30講にわたって、日本語の歴史について学んでいきます。そこでまず、この講で基本となることについて確認しておきましょう。

時代区分

　本書では、時代区分を【₁　　　】・【₂　　　】・【₃　　　】・【₄　　　】・【₅　　　】・【₆　　　】の6分法としていきます。なお、【₁　　　】は奈良時代以前、【₂　　　】は平安時代、【₃　　　】は鎌倉・室町時代、【₄　　　】は江戸時代、【₅　　　】は明治時代から戦前、【₆　　　】は戦後から現在をさします。

　【₁　　　】【₂　　　】については、日本史や日本文学史ではまとめて【₇　　　】としているものも多いのですが、本書では日本語史研究で多く用いている区分に従い、奈良時代以前を【₁　　　】、古典語として後の時代に規範となる平安時代を【₂　　　】とよびます。

日本語を知る資料

　日本語を知る資料として、主となるのは「₈　　　　　」です。これについて、古くは木簡や金石文といった木や金属に刻まれたものが見られますが、多くは手で書かれたもの（墨書）や、印刷された紙の資料に見られます。そのほかに音声として残されているものもあります（芸能の詞章や声明、そして近代以降の録音資料等）。

　そして、日本語史の資料は【₄　　　】前期まで、ほぼ京都・奈良・大阪を中心とした畿内のものになります。これは、1000年近く朝廷が奈良・京都に置かれ、これらの地域のことばが中央語として残っているためです。なお、畿内以外のことば（方言）については、特に古い時代の資料は乏しいのが現状です。

▶注
松村明編（1977）『講座国語史1　国語史総論』大修館書店、小林賢次・梅林博人（2005）『日本語史探究法』朝倉書店、野村剛史（2010）『話し言葉の日本史』吉川弘文館、等参照。

解　説

木簡
文字等を書き記した木片。

金石文
鉄剣名・造像銘・石碑等、金属や石に刻まれた文章。

声明（しょうみょう）
法会（ほうえ）で僧によって唱えられるもの。宗派によって種々の声明があります。

また、関東のことばに関しては【4　　　】後期以降、江戸が力をもつようになり、出版物も多く出されるようになったことから、それら（滑稽本等）の中に、江戸のことばが見られるようになります。

話しことばを探る

日本語は、「9　　　　　」と「10　　　　　」に距離があるといわれています。【2　　　】では距離がなかったといわれているのですが、【3　　　】以降その距離は次第に大きくなり、（言文一致が起こる前の）【5　　　】初期には、その両者の距離ははなはだしいものでした。

さて、日本語史においては、「9　　　　　」と「10　　　　　」の両者とも研究の対象となってきましたが、基本的には「9　　　　　」を中心としています。そこで、各講ではこの「9　　　　　」の資料を主に紹介していきたいと思います。

ここで、なぜ、「9　　　　　」を中心とするのかについて、少し述べておきたいと思います。「9　　　　　」は時間の流れの中で少しずつ変化し、それが重なり大きな変化が起こります。それに対し、「10　　　　　」は書かれたものが残り、それが規範化されて体系が確立し、そして新たな時代の人々もそれを真似しようとします。

このように「9　　　　　」は言語変化を反映するのですが、「10　　　　　」はそうではなく保守的です。そこで、言語の変化を明らかにするためには、出来る限り「9　　　　　」に近いと考えられる資料を調査対象として選んでいくというわけです。

日本語はいつから？

日本語はいつ頃から使われ始めたのでしょうか。実はよくわかっていません。『魏書』東夷倭人条（通称「魏志倭人伝」）（3世紀末）の中には、「卑弥呼」「壱与」「卑狗」等、官名・人名等を漢字で音訳したもの数語が見られます。

解　説

『魏書』
中国の正史で、554年に成立した中国24史の1つ。なお、「卑狗」(ひこ)（長官）・「卑奴母離」(ひなもり)（副官）・「爾支」(にき)（長官）等が見られるのですが、読み方は定まっていません。

では、現在わかっている、最も古い日本語の姿を伝えてくれる資料は何でしょうか。それは、歌集『11_____』（7–8世紀）です。ある時代の人たちが、どのようなことばで生活を営んでいたかを知るには、ある程度のまとまった言語資料が必要なのです。なお、『12_____』『13_____』の本文は漢文ですが、「14_____」も収められており（「15_____」）、それも上代のことばの資料となります。

近年、土地開発等によって、非常に古い時代の埋蔵資料が出土する場合があります。これらも残されているのは人名・地名等の固有名詞です。そのひとつに、稲荷山古墳出土鉄剣銘（471年？）があります。

> **解 説**
>
> **稲荷山古墳**
> 5世紀後半に造られた前方後円墳で、現在の埼玉県行田市にあります。

稲荷山古墳出土鉄剣銘

漢字の伝来

先にも述べたように古い日本語を知るためには主として文字資料を参照するのですが、日本にはもとから文字があったのでしょうか。

実は日本に固有の文字はありません。漢字の伝来をもって、はじめて文字の使用が始まります（400年頃？）。

漢字・漢文は、中国から朝鮮半島を経て伝来しました。はっきりとした事実はわからないのですが、『₁₂　　　』『₁₃　　　』によると、応神天皇（4世紀？）に百済王の使者王仁が『₁₆　　　』『₁₇　　　』を奉ったとされています。

神代文字という考え

ただし、日本固有の文字があったという主張があります。その文字を総称して「神代文字」といいます。中世において、卜部懐賢（兼方）は『₁₈　　　』で「於和字者、其起可在神代歟」とし、日本固有の文字（和字）は漢字伝来以前の神代に起こったとしています。また、平田篤胤は「日文」（『神字日文伝』）を最も信頼できる文字としています。しかし、いずれも現在ではその存在が否定されています。

解説

『千字文』
子供が漢字を覚えるための手習い教材。現在は中国の梁の時代の、文官として有名な周興嗣（470–521年）が編んだ「天地玄黄、宇宙洪荒」の二句で始まるものをさしますが、王仁の時代、まだ周興嗣版の『千字文』は存在しなかったので、彼が日本にもち込んだのは、別の並べ方の『千字文』だったということになります。加藤徹（2006）『漢文の素養　誰が日本文化をつくったのか？』光文社新書、参照。

▶注
中田祝夫（1972）『講座国語史2　音韻史・文字史』大修館書店、等参照。

解説

『神字日文伝』
1819（文政2）年刊。平田篤胤著の語学書。

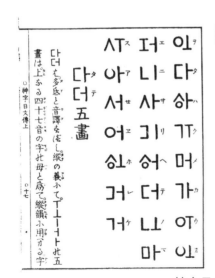

神字日文伝

第2講 日本語の一番古い姿（上代）

時代背景

推古朝から奈良時代の終わりまで（平安京遷都：794（延暦13）年）の約200年を上代とします。上代は天皇を中心とした中央集権国家としての体裁を整えていく時代であり、上古ともよばれています。

この時代の言語資料として古いものは金石文であり、それ以前の日本語の状態は断片的（固有名詞等）にしかわかりません。

まとまった資料としては歴史書『__1__』『__2__』、歌集『__3__』があり、漢文（純漢文）、日本語的要素のまじった「__4__」、または「__5__」で書かれています。

ただし、これらのことばは奈良・飛鳥を中心とした貴族階級のものであり、さらに日本語の姿がわかるものは、「__6__・__7__」に偏っています。この点で日常の会話や散文といった日本語とは違うということに注意しておく必要があります。

さて、上代のことばを知るうえで、特に重要な資料は歌集『__3__』です。

ただし、『__3__』でも大きく分類すると次の①②③とあり、③は表記からほぼ完全に歌を復元できますが、①のようなものは推定・補読を多く含むものもあるので、必ず原表記を参照する必要があります。

① 「__8__・__9__・__10__」等を万葉仮名で表記することの少ない歌

（1） 誰彼　我莫問　九月　露沾乍　君待吾（万葉集、巻10、2240）
　　たそかれと　あれをなとひそ　ながつきの　つゆにぬれつつ　きみまつあれを

② 「__8__・__9__・__10__」等をまめに万葉仮名で表記する歌

（2） 二人行杼　去過難寸　秋山乎　如何君之　独越武
　　ふたりゆけど　ゆきすぎがたき　あきやまを　いかにかきみが　ひとりこゆらむ

解説

『万葉集』
7–8世紀の和歌集。全20巻。現在の形がいつまとめられたかは不明です。長歌・短歌・旋頭歌等4,500首あまり、天皇・皇后をはじめ皇族・貴族とともに一般民衆の歌まで収録する歌集です。それぞれの用例の末尾に記した数字は当該歌の国歌大観番号です。

訳

(1) 誰なのあの人はと　わたしに尋ねないでください　九月の　露に濡れて　君を待つわたしなのです。
(2) 二人で行っても　行き過ぎにくい　秋山を　どんなにしてあの人は　ひとり越えていることやら。

（万葉集、巻2、106）

③ 「○○____11____」を万葉仮名で表わす歌（一字一音）

（3） 於伎敞欲里　美知久流之保能　伊也麻之尓　安我毛布支見我
　　　弥不根可母加礼　　　　　　　（万葉集、巻18、4045）

この③のような1字ずつ表音的に書いていく方式（音仮名主体の表記）は、『____3____』全体から見ると少数派です。全20巻のうち6巻（巻5・14・15・17・18・20）で採用されています。

『万葉集』の読み

ここで『万葉集』巻1の48番歌を見てみましょう。「東野炎　立所見而　反見為者　月西渡」さて、どのように読むのでしょうか。

『新編日本古典文学全集』（小学館）では「東の　野にかぎろひの　立つ見えて　かへり見すれば　月傾きぬ」です。ここには推定・補読が多く含まれています。ちなみにこの歌は古くは「あづま野に煙の立てる所を見て」と読まれていましたが、賀茂真淵によって現在のように読まれるようになりました。ただし、現在の読みも問題を残しています。

このように、『万葉集』の読み方は、注釈書によって異なるため、注意が必要です。必ず原表記を確認しましょう。

東歌・防人歌

『万葉集』は巻14に東歌、巻20に防人歌があり音韻・語法・語彙等、さまざまな点で中央（大和地方）の歌とは違うため、区別する必要があります。

① 中央語イ列音・東国語ウ列音

（4）都久波祢乃　佐由流能波奈能　由等許尓母　可奈之家伊母曽
　　　比留毛可奈之祢（筑波嶺の　さ百合の花の　夜床にも　かなしけ妹そ　昼もかなしけ）　　　（万葉集、巻20、4369）

（5）都久比夜波　須具波由気等毛　阿母志々可　多麻乃須我多波

訳
（3）沖辺から　満ち来る潮のように　ますます慕わしく　わたしが思うあなたのお迎え舟でしょうかあれは。

〈参照〉
賀茂真淵＝第19講。

解説
東歌・防人歌
「東歌」は、東国地方の人々の歌のこと。『万葉集』の中でも、遠江・信濃・伊豆・相模・武蔵・上野・下野・上総・下総・常陸・陸奥の12国の人々の歌が収められています。「防人歌」は防人や防人の家族が作った歌のこと。上記諸国から伊豆・陸奥を除いた10国の人々の歌が収められています。

訳
（4）筑波嶺の　さ百合の花のように　夜床でも　いとしい妻は　昼間もいとしい。
（5）月日や夜は　過ぎて行っても　母父の　玉のように立派なお姿は　忘れられない。

和須例西奈布母（月日夜は　過ぐは行けども　母父が　玉の姿は　忘れせなふも）　　　　　（万葉集、巻20、4378）

東歌・防人歌には「佐由流」（百合のこと）「都久比」（月日のこと）と中央語「12_____」列音のものが「13_____」列音になっています。

② 形容詞・四段動詞の連体形活用語尾

（6）賀美都家野　久路保野祢呂乃　久受葉我多　可奈師家児良尓　伊夜射可里久母（上野　久路保の嶺ろの　葛葉がた　かなしけ児らに　いや離り来も）　　　　　（万葉集、巻14、3412）

（7）可美都気努　伊可抱乃祢呂尓　布路与伎能　遊吉須宜可提奴　伊毛賀伊敝乃安多里（上野　伊香保の嶺ろに　降ろ雪の　行き過ぎかてぬ　妹が家のあたり）　　　　　（万葉集、巻14、3423）

東歌・防人歌では、「かなしけ」「降ろ」のように、形容詞・四段動詞の連体形活用語尾が、それぞれエ段・オ段となっています。中央語では、「かなしき」「降る」のようにそれぞれイ段・ウ段です。

このように東歌・防人歌には「14_____」要素が見えます。

上代の資料についての言及―本居宣長『うひ山ぶみ』

本居宣長は著書『うひ山ぶみ』で、上代のことばを知るには『万葉集』を学ぶべきだと述べています。

（8）古事記は古伝説のままに記されてはあれども、なほ漢文なれば、正しく古言をしるべきことは、万葉には及ばず書紀は殊に漢文のかざり多ければ、さら也。さて二典に載れる歌どもは、上古のなれば、殊に古言・古意をしるべき第一の至宝也。然れども、その数多からざれば、ひろく考ふるにことたらざるを、万葉は歌数いと多ければ、古言はをさ／＼もれたるなく伝はりたる故に、「これを第一に学べとは」、師も教へられたる也

訳
(6) 上野の　久路保の峰の葛の蔓のように長い道をいとしいあの娘から　遠ざかってきた。
(7) 上野の　伊香保の峰に降る雪の　行き過ぎにくいあの娘の家の辺りだなあ。

解説
『うひ山ぶみ』
本居宣長が初学の門人に書いた古学の入門書です。1798（寛政10）年に書かれ、翌年刊行されました。

▶注
白石良夫（2009）『本居宣長「うひ山ぶみ」』講談社

『万葉集』の「戯書」

春登は『万葉用字格』(1818(文化15、文政元)年)で、『万葉集』の用字を八種類に分類しています。戯書はそのひとつです。

ここでは、戯書をいくつか紹介します。

[問題1]　下線部の「山上復有山」は、何と読むでしょうか。

（9）　吾衣有　服者奈礼奴　毎見　恋者雖益　色二山上復有山

(万葉集、巻9、1787)

答え：「出」という漢字の代わりで、「いで」と読みます。（9）全体では「我が着たる　衣はなれぬ　見るごとに　恋は増されど　色に出でば」となります。

[問題2]　下線部の「二八十一」は、何と読むでしょうか。

（10）　若草乃　新手枕乎　巻始而　夜哉将間　二八十一不在国

(万葉集、巻11、2542)

答え：掛け算の九九を思い出してください。「九九、八十一」ですね。そこで「にくく（憎く）」と読みます。（10）全体では「若草の　新手枕（にひたまくら）を　まきそめて　夜をや隔てむ　憎くあらなくに」となります。

その他上代語の資料

時代は下るのですが、上代語の資料として『15＿＿＿＿』(794(延暦13)年書写か)、『16＿＿＿＿』(昌泰(898–901)年間成立)等の辞書・音義類があります。

たとえば『16＿＿＿＿』には、上代特殊仮名遣いのコの甲類、乙類の区別が見られます。

解　説

春登（しゅんとう）
1769–1836年。江戸後期の僧侶・国学者。『万葉集』の用字を「正音・略音・正訓・義訓・略訓・約訓・借訓・戯書」に分類しています。

訳
(9) 私が着ている衣は汚れてきた。それを見るたびに恋しさは増すが。
(10) 新妻の手枕をし始めてから、夜離れをしようことか、憎くはないのに。

解　説

九九
掛け算の九九は中国でつくられ、日本にも伝えられました。室町時代頃まで、現在のものとは順序が逆だったそうです。つまり、九九八十一から始まっていたので、今でも九九というんですね。

音義
漢字で書かれた典籍から重要または難しい漢字・語句を抜き出し、発音や意味を注記したもの。

第3講　書きたい！日本のことば

万葉仮名

　日本には固有の文字はなく、漢字の伝来をもって、はじめて文字の使用が始まりました。『古事記』『日本書紀』『風土記』『万葉集』等、上代文献は漢字で書かれています。

　そして、漢字をその字義とは無関係に発音のみ用いて、日本語を表記する方法がおこなわれました。これが「₁_____」です。当初は、文中の固有名詞を表記するのに使われていました。「₁_____」の例を見てみましょう。

① 「₂_____」：中国の漢字音を日本語の一音節に当てた用字法です。『古事記』『日本書紀』『万葉集』の歌謡や訓注に多く見られます。

　　（1）　岐美賀由岐 気那賀久那理奴（きみがゆき けながくなりぬ）　　　（『古事記』下、允恭）

② 「₃_____」：漢字は日本に伝わった発音によって読まれていましたが、やがてその漢字の意味に相当する日本語でも漢字を読むようになりました。それを「₄_____」といいます（例：「山」を「やま」）。そして、語の内容とは関係なく、その訓を借りて読んだのが「₃_____」です。例：夏樫（懐かしい／なつかし）

上代特殊仮名遣い

　この「₁_____」のイ列音「₅__・₆__・₇__」、エ列音「₈__・₉__・₁₀__」、オ列音「₁₁__・₁₂__・₁₃__・₁₄__・₁₅__・₁₆__・₁₇__」の13種（その濁音7種）は、「₁₈__」類・「₁₉__」類の二種類に分かれています。これを「₂₀_____」といいます。

① 「₁₈__」類：「キ」「₂₁__・₂₂__・₂₃__」等は、「雪・君・昨日」等のキに使われる。

〈参照〉
稲荷山古墳＝第1講。

▶注
小島憲之・木下正俊・佐竹昭広（校注）(1971)「解説」『萬葉集(1)』小学館日本古典文学全集、等参照。

訳
(1) あなたがお出かけになってずいぶん日がたちました。

▶注
橋本進吉(1950)『國語音韻の研究』岩波書店、亀井孝(1964)『日本語の歴史4　移りゆく古代語』平凡社、等参照。

② 「[19]___」類：「キ」「[24]___・[25]___」等は、「月・霧・槻」等のキに使われる。

この仮名遣いの区別から、当時、甲類と乙類で発音の区別があったと考えられます。

この「[20]_____」は、『[26]_____』において「[18]___」類・「[19]___」類の別が最も明瞭に見られます。なお、「[15]___」に区別があるのは『[26]_____』のみです。そしてこの「[20]_____」は平安時代初期までにほとんどの区別がなくなります（最後まで残るのは「[11]___」）。

本居宣長・石塚龍麿・橋本進吉

上代特殊仮名遣いについては、本居宣長『[27]_____』（1798（寛政10）年）、石塚龍麿『[28]_____』（1798年）、「[29]_____」によって扱われています。

① 本居宣長『[27]_____』一之巻。本居宣長は『[26]_____』の研究をしているうちに、その用いられる文字に特殊な偏りがあるのに気がつきました。ただし、彼はそれを万葉仮名の一用法と考えたのみで、音韻の問題とは考えなかったようです。

（2）　假字用格のこと、大かた天暦のころより以徃(アナタ)の書どもは、みな正(タダ)しくして、伊韋延惠於袁(イキヱエオヲ)の音、又下に連(ツラ)なる、波比布閇本(ハヒフヘホ)と、阿伊宇延於和韋宇惠袁(アイウエオワヰウヱヲ)とのたぐひ、みだれ誤りたることも一(ヒト)つもなし、（省略）さて又同音の中にも、其言に随(シタガ)ひて、用る假字異(コト)にして。各(オノオノ)定まれること多くあり、其例をいはば、コの假字には、普(アマネ)く許古(ココ)二字を用ひたる中に、子には古字をのみ書て、許字を書ることなく、（省略）

② 石塚龍麿『[28]_____』上。本居宣長の上記の着想を受けて、さらにその事実を徹底的に『古事記』『日本書紀』『万葉集』で調査したのが石塚龍麿です。

▶注
馬渕和夫・出雲朝子（2007）『国語学史　日本人の言語研究の歴史　新装版』笠間書院、安田尚道（2003）「石塚龍麿と橋本進吉―上代特殊仮名遣の研究史を再検討する―」『国語学』54-2、等参照。

〈参照〉
本居宣長＝第19講。

解説

『古事記伝』
本居宣長著の『古事記』注釈書。全44巻。本居宣長は1764（明和1）年に『古事記』研究に着手し、1798（寛政10）年に完成させました。刊行は1790（寛政2）年から始めたのですが、本居宣長存命中には巻17まで出されただけで、1822（文政5）年になってやっと全巻が刊行されました。

（3） 上つ代にはその音おなじきも言によりて用ふる假字定まりていと嚴然になむありつるを奈良の朝廷の末などより個差別（ケヂメ）のみたれつと見えて古事記日本紀万葉集の外には證とすへきふみなし　［後世の書にても此三書に合へるをはとりつ］しか定まれるはいかなるゆゑともしれねども古事解にはたすけとなる事いとおほしとは世々の識人（モノシリ）のいまだ見得さりし事なるを我師の君のはしめて見得たまひて古事記傳にかつ〰論らひおかれたるおのれ其論によりて此ふみをあらはしてその定まりをくはしくわきたむ

平仮名・片仮名の発生

▶注
中田祝夫（1972）『講座国語史2　音韻史・文字史』大修館書店、等参照。

　平安時代の初期には、万葉仮名による日本語の筆記が日常化し、一音一字の傾向を見せるようになります。そして、万葉仮名が「_30_____」の「_31_____」によって書きやすく崩され、簡略化され字体として固定化されたものが「_32_____」です。

　例：「あ」←「_33___」、「い」←「_34___」、「う」←「_35___」
　　　「え」←「_36___」、「お」←「_37___」

「_32_____」は、日常的な文章、消息（手紙）、和歌等を書くために用いられました。ただし、この頃は「_38_____」とよばれ、「_32_____」の呼称は【_39_____】以降であるといわれています。この「_32_____」の完成が、『枕草子』『源氏物語』等を頂点とする、平易な日常語を自由に駆使した女流文学の発達を促します。

　それに対して「_40_____」は漢文の訓読の際、狭い行間に書くために生まれたものです。そのため、「_40_____」は字画の少ない万葉仮名や、字画の一部分を使っています。

　例：「ア」←「_41___」、「イ」←「_42_____」、「ウ」←「_35___」
　　　「エ」←「_43___」、「オ」←「_37___」

解　説
「片」を使ったことばには「片生い」（十分に成長していない）、「片飼い」（馬等の飼い方が十分でない）等があります。

「_40_____」の名称の由来は全部でない、一部であるという意味の

「_44_____」といわれています。「_45_____」という呼称が文献上現われるのは、【_46____】時代中期頃です。

宣命書き

　天皇のことばを口頭で読みあげる宣命は、「_47_____」によって書かれています。この「_47_____」とは、漢文のもつ制約にとらわれず、日本語の語順に従って漢字を並べ、助詞・助動詞等の部分を小さく万葉仮名で書き添えるものです。この部分を片仮名に書き換えると、後に発生する漢字片仮名まじり文になります。

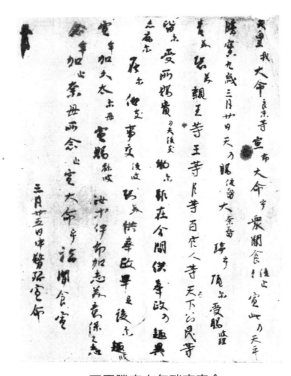

天平勝宝九年瑞字宣命

　なお、助詞・助動詞等の部分の文字も同じ大きさで書かれた宣命木簡が出土したことから、上記のような小書きされたものを「宣命小書体」、同じ大きさで書かれたものを「宣命大書体」と区別することがあります。

第4講　酒＝「サケ」、酒屋＝「サカヤ」

古代語の音節構造

この講では、上代の語について見ていきましょう。上代の和語には以下のような特徴があります。

① 「₁_____」（きゃ・きゅ・きょ等）・「₂_____」（ん）・「₃_____」（っ）・「₄_____」（ー）がない。

② 「₅___」行音は語頭に現れ、語中・語尾には現れない。つまり、イ音便・ウ音便・撥音便・促音便といった「₆_____」は存在しない。

③ 語頭に「₇___」行音・「₈_____」が見られない。現代語では「₉_____」「₁₀_____」「₁₁_____」等があるが、古代語にはそのような語がない。

④ 語の内部で「₈_____」は連続しない。現代語では「₁₂_____」「₁₃_____」等があるが、古代語にはそのような語彙がない。

母音連続の回避

このように、上代語ではア行音は語中・語尾には現れないものでした。そのため、語が複合して母音連続が起きそうな時には、それが回避されます。それには以下の方法があります。

① 「₁₄_____」：連続する2つの母音が異なる1つの母音になるものです。

　（1）　長 naga ＋息 iki（a と i が融合）→嘆き（なげき）nageki

　（2）　行き iki ＋「₁₅_____」ari →行けり（「り」助動詞）ikeri

② 「₁₆_____」：母音間に子音を挿入するものです。

　（3）　春 paru ＋雨 ame →春雨（はるさめ）parusame

〈参照〉
上代のハ行音の音声＝第25講。

（4） 新 nipi ＋饗 ape →新饗（にひなへ）nipinape

③ 「₁₇_____」：どちらかの母音を脱落させるものです。

（5） 差し sasi ＋上げ age →捧げ（ささげ）sasage

（6） 我 wa ＋が ga ＋家 ipe →我家（わがへ／わぎへ）wagape/wagipe

単音節語

上代は「₁₈_____」の語（単音節語）の存在が目立ちます。たとえば、「千」、「父」、「乳」、「血」等はいずれも単音節語「ち」です。

阪倉篤義氏によれば、上代では148の単音節語がありましたが、時代とともに減り続け、現代語ではそのおよそ3分の1にあたる48語しか残っていないそうです。

これについては、2・3音節以上の複音節語が単音節語にとって代わったといわれています。たとえば以下の語があります。

① 「₁₉_____」をつける（ね→みね（峯）、ち→みち（道））

② 「₂₀_____」をつける（あ→あし（足）、は→はし（端））

③ 説明的要素をつける。たとえば、「め（目）」の被覆形「ま」に説明的要素を付加したものは現代語でもよく残っています。

（7） 「まなこ」←「ま（目）」＋「な（属格助詞）」＋「こ（子）」

（8） 「まぶた」←「ま（目）」＋「ふた（蓋）」

（9） 「まなじり」←「ま（目）」＋「な」＋「しり（尻；先端）」

（10） 「まつげ」←「ま（目）」＋「つ（属格助詞）」＋「け（毛）」

（11） 「まど（窓）」←「ま（目）」＋「と（門）」（「門」から家の外を見る）

もともと日本語の音節数は少なく、さらに上代の甲乙2類の音（上代特殊仮名遣い）が合流することによって「₂₁_____」が増えてしまいました。それを避けるために複音節語が増加したと考えられます。

▶注
阪倉篤義（1993）『日本語表現の流れ』岩波書店

〈参照〉
被覆形＝次ページ「露出形と被覆形」。

解 説

属格助詞
名詞と名詞を接続する時に用いる助詞。現代語では「の」が属格助詞です。

露出形と被覆形

単語と単語がくっついて１語となったものを「22____」とよびます。現代語の場合、「靴」＋「箱」で「靴箱」といったものです。

上代では複合語になる場合、次のような現象が起こります。たとえば、「酒」は単独の場合「23____」ですが、「酒屋」「酒蔵」等の場合には「24____」という形で用いられています。このように、単独で出てくることのできる語形を「25____」、複合語の中でのみ見られる語形を「26____」といいます。

「25____」と「26____」の対応がある例を見てみましょう。

(12) 　金：かね　―　「27____」もの（金物）
(13) 　神：かみ　―　かむぬし＝「28____」ぬし（神主）
(14) 　月：つき　―　「29____」よ（月夜）
(15) 　木：き　―　「30____」だち（木立）

これらの対応は母音交替の関係にあります。語末の母音が露出形では「31____」・「32____」、被覆形では「33____」・「34____」・「35____」となっています。露出形は被覆形に「36____」を付加して成立していると考えられています（～a＋～i→～e 等）。

子音交替・母音交替

複合の時以外でも、上代語では子音交替・母音交替が盛んでした。たとえば、以下の例は、すべて子音交替の関係にあり、語彙体系をなしています。

　　　　　　　　年長（お）　　　　　　年少（を）
男性（k・g）「37____」（翁）　―　「38____」（少年）
女性（m）　 「39____」（嫗）　―　「40____」（少女）

このように古代語では、意味的関連のもとに、子音・母音単位で交替が起こり、語彙体系をなすことがあります。

母音調和

上代においては、同一結合単位（語幹・語根）内における母音の共存に次のような制限があったことが知られています。

① オ列「[41____]」類音とオ列「[42____]」類音とは、同一結合単位内に共存することはない。

(16) 出で立たむ　力をなみと　隠り居て　君に恋ふるに　心[許₂己₂呂]どもなし
　　　　　　　　　　　　　　　　　　　　　　（万葉集、巻17、3972）

(17) 大き海の　水底[曾₂己₂]深く　思ひつつ　裳引き平しし　菅原の里
　　　　　　　　　　　　　　　　　　　　　　（万葉集、巻20、4491）

② 「[43____]」列音とオ列「[42____]」類音とは、同一結合単位内に共存することが少ない。特に「[44____]」音節の結合単位については、例外がない。

(18) 天雲[(安麻)久毛甲]の　たゆたひ来れば　九月の　黄葉の山も　うつろひにけり
　　　　　　　　　　　　　　　　　　　　　　（万葉集、巻15、3716）

③ 「[45____]」列音とオ列「[42____]」類音とは、同一結合単位内に共存することが少ない。

(19) 水鳥の　鴨[可毛甲]の羽色の　青馬を　今日見る人は　限りなしといふ
　　　　　　　　　　　　　　　　　　　　　　（万葉集、巻20、4494）

これら3つの制限は、当時の母音が「[45____]」列・「[43____]」列・オ列「[41____]」類と「[42____]」類という二グループに分かれ、同一結合単位内ではもう一方のグループとは共存しない性格をもっていたと考えられます。このような現象は、トルコ語やフィンランド語に見られる「[46_____]」の痕跡とされ、日本語が系統論的に「[47_____]」に属することの根拠と考えられています。

解　説

この現象は有坂秀世と池上禎造がほぼ同時に発見したため有坂・池上法則とよばれています。
有坂秀世（1934）「古代日本語に於ける音節結合の法則」『国語音韻史の歴史』明世堂書店、池上禎造（1932）「古事記における仮名「毛・母」に就いて」『国語国文』2-10、等参照。

オ列に甲乙の区別があるのは、「コ・ソ・ト・ノ・（モ）・ヨ・ロ」です。第3講参照。

第5講 王朝文学、花開く（中古・和文資料）

時代背景

平安京遷都（794（延暦13）年）から院政期を含む約400年を中古とします。中古はおよそ100年ずつに区切って平安【1＿＿＿・2＿＿＿・3＿＿＿・4＿＿＿】とよぶこともあります。各時代の特徴をまとめてみましょう。

1＿＿＿	国風暗黒時代。貴族の間で漢詩文、隆盛。
2＿＿＿	藤原氏の栄華。宮廷文化、花開く。宮廷サロンにおける、女性による物語・日記等。
3＿＿＿	宮廷文化爛熟、政治的にも社会的にもさまざまな矛盾が表面化。
4＿＿＿	院政期ともよばれる。武士の台頭。説話集等。

なお、上記のうち平安末期は院政時代（1086–1192年）として、律令体制の崩壊、武士の台頭等、鎌倉時代と関係が深いことから、鎌倉時代とまとめられ、「院政・鎌倉時代」と称されることもあります。

平安初期

平安初期は、唐風文化の影響を受け、多くの漢詩文がつくられました。一方、この時期に日本語で書かれたものは少なく、国風暗黒時代とよばれるほどです。ただし、訓点資料からは当時のことばをうかがうことができます。

また、この時期には「5＿＿＿＿＿」といわれる『6＿＿＿＿＿』等があります。宣命書は助詞・助動詞等の部分が万葉仮名ですが、この「5＿＿＿＿＿」はその部分が「7＿＿＿＿」になっています。

解　説

王朝文学
特に平安時代に、貴族女性を中心に栄えた、かな文学。

〈参照〉
訓点資料＝第6講。

解　説

『東大寺諷誦文稿』
796（延暦15）年以後、中古初期成立。仏教関係の願文・表白・教化等の草稿。漢文から独立した片仮名まじり文としては最古のものです。

平安中期

　平安中期には、国風文化が花開きます。その背景には遣唐使の廃止（894（寛平6）年）、平仮名の成立等があげられます。特に平仮名は日常的な文章、消息（手紙）、「₈　　　」「₉　　　」「₁₀　　　」等を書くために用いられています。そして、この時期の代表的な作品として『₁₁　　　』（清少納言）、『₁₂　　　』（紫式部）等があり、これらは中古のことばを知る重要な資料となっています。

　なお、平仮名によって書かれる「₉　　　」「₁₀　　　」等の日常語に近いことばで書かれた文章を「₁₃　　　」と称します。

　また、これらの中古の文学作品は、中世以降の語学研究（「てにをは研究」や近世の国学の研究）の中心的な研究対象となります。

〈参照〉
平仮名＝第3講。

本文の異同

　和文資料について、たとえば『源氏物語』はもちろん原本はあったに違いないのですが、紫式部の書いた「₁₄　　　」本がどのようなものであったか所伝はありません。また、たとえば『竹取物語』『枕草子』の古写本は最古のものでも室町時代より前にさかのぼることができず、さらに諸本間で大きな相違があります。この相違を「₁₅　　　」といいます。これらの「₁₅　　　」は、作者の手を離れたのち、時間を経て、さまざまな人の手により書写されるうちに生じたものと考えられます。

解説

異同
異同は、作品の成立後だけでなく成立過程に生まれる場合も考えられます。たとえば『紫式部日記』によると、『源氏物語』は完成以前にもち出されて読まれていたようです。そうすると、草稿本と完成後の定稿本それぞれが享受されていた可能性があります。

『枕草子』の諸本

　では、『枕草子』の諸本を見てみましょう。

　『枕草子』には、能因本系統本、三巻本系統本、前田家本、堺本系統本の四種があります。それらには、かなりの差異が見られます。

能因本（学習院大学蔵三条西家旧蔵）

　（1）　春はあけぼの。やう〳〵しろくなりゆく山ぎは、すこしあか

▶注
松尾聰・永井和子（校注・訳）(1997)「解説」『新編日本古典文学全集　枕草子』小学館

りて、むらさきだちたる雲のほそくたなびきたる。夏はよる。月の比はさらなり、やみも猶ほたるとびちがひたる。雨などのふるさへをかし。

三巻本（弥富本）

（2） 春はあけぼの。やう〳〵しろく成り行く山ぎは、すこしあかりて、むらさきだちたる雲のほそくたなびきたる。夏はよる。月の比はさら也、やみも猶ほたるの多く飛びちがひたる。又、ただ一つ二つなどほのかにうちひかりて行くもをかし。雨など　ふるもをかし。

前田家本

（3） はるはあけぼの。そらはいたくかすみたるに、やう〳〵しろくなりゆくやまぎはの、すこしづつあかみて、むらさきだちたる雲のほそくたなびきたる。夏はよる。月のころはさらなり、やみも　ほたるのほそくとびちがひたる。またただひとつふたつなどほのかにうちひかりてゆくもをかし。あめなどのふるさへをかし。

堺本（高野辰之氏旧蔵本）

（4） 春はあけぼのの空は、いたくかすみたるに、やう〳〵白くなり行く山のはの、すこしづつあかみて、むらさきだちたる雲のほそくたなびきたるもいとをかし。夏はよる。月の比はさらなり、ねやもなほ蛍おほく飛びちがひたる。又、ただひとつふたつなどほのかにうちひかりて行くもいとをかし。雨ののどやかにふりそへたるさへこそをかしけれ。

このように比べてみると、その差のはげしいことがわかります。この程度の差異は、ほぼ全章段を通じて見られます。

『土左日記』

次に『土左日記』の冒頭部分を見てみましょう。まず、紀貫之の自筆本を忠実に写したとされる「_16_____」本です（以下は青谿書屋本）。

（５）　をとこもすなる日記といふものををむなもしてみむとてするなり

次に同じく貫之の自筆本を写した「_17_____」本です。

（６）　をとこもすといふ日記といふ物を、むなもして心みむとてするなり

諸本から考えると「_16_____」本の方が原本とされるものを忠実に伝えているとされます。

以上のように、現在、我々が見ることのできる古典作品は、作者による原本と全く同じものであるとは限りません。

> **解　説**
> **青谿書屋本**
> 『土左日記』の写本のひとつで、藤原為家本を忠実に写した本と考えられています。

平安後期・末期

平安後期は成熟期であり、次の時代への変化を迎える時代でもありました。作品としては『_18_____』（菅原孝標女）、『_19_____』等があります。

次に、平安末期の作品には、『_20_____』等の説話集があります。これは、「_21_____」で書かれており、次の中世の散文の一つの中心となります。

説話集『今昔物語集』

『今昔物語集』の現存最古は「_22_____」（鎌倉末期～室町初期）で、他はほぼ【_23_____】の写本となります。内容は、「_24_____」（インド）、「_25_____」（中国）、本朝（日本）の３つに分かれ、それぞれ先に仏教説話（因果応報譚を含む）、あとに仏教説話以外を並べる構成になっています。なお、「_24_____」部・「_25_____」部は和漢混淆文ですが、本朝部は和文体に近い巻もあります。

> 説話集はその他に『古本説話集』（鎌倉初期）、『宇治拾遺物語』（鎌倉初期）があり、これらについては『今昔物語集』との同話が多く含まれています。

第6講 漢文力！（中古・訓点資料）

漢文・漢詩・訓点資料

日本人による漢文（日本漢文）は上代にもありますが、平安初期の国風暗黒時代には、唐風文化が盛んにおこなわれ、多くの書物が書かれました。

嵯峨天皇（在位 809–823 年）から清和天皇（在位 858–876 年）の時代には、勅撰による漢詩文が編纂されました。その中でも『1＿＿＿＿＿』『2＿＿＿＿＿』（嵯峨天皇の勅命）、『3＿＿＿＿＿』（淳和天皇の勅命）は、勅撰三集と称されています。その後には、『扶桑集』（紀斉名編、995–998 年）、『本朝文粋』（藤原明衡編、1066 年）等があります。

また、史書では『続日本紀』（797 年）、『日本後紀』（841 年）、『続日本後紀』（869 年）、『文徳実録』（879 年）、『三代実録』（906 年）があり、これらの正史は『日本書紀』とともに「4＿＿＿＿＿」とよばれます。

いわば漢文はメインカルチャーであり、貴族の出世の条件の一つは中国古典の修辞を駆使した、美麗な漢文を作成する能力であったと考えられます。彼らは公の場では和歌よりも漢詩を詠み、また日記は漢文で書いています。代表的なものとしては藤原道長による『5＿＿＿＿＿』があります。

ただし、『5＿＿＿＿＿』等の日記における漢文は公式な文章と違い、日本語的な要素を含む「6＿＿＿＿＿」です。

和化漢文（変体漢文）

『5＿＿＿＿＿』の漢文には日本語的な語彙・語法が多く交えられています（「和習」ともよびます）。たとえば「参・奉・給・召・奏・仰・侍」等、「7＿＿＿＿＿」である動詞・補助動詞、また「物忌・御悩・御方」

▶注
沖森卓也（編）(2013)『漢文資料を読む』朝倉書店、木田章義（編）(2013)『国語史を学ぶ人のために』世界思想社、等参照。

解説
和化漢文
変体漢文ともいいます。中古以降に、日記（男性）・書簡・記録・法令等に用いられたもので、漢文様式をもつ文章でありながら、日本語の構文にひかれて、漢文法の格から大きくずれています。それに対して、純漢文は「正格漢文」といいます。

等は和語をもとに、それを漢字で表わしたと考えられています。

訓点資料

漢文が伝来した当初は、中国語のままで理解していたと考えられますが、次第に日本語に翻訳して読み下すようになります。漢文の読み下しは、【 8 】世紀後半頃からおこなわれていたと見られ（北大津遺跡出土「音義木簡」）、8世紀末頃には「9_____」の学僧の間で、日本語の訓読文を独自の「10_____」や「11_____」で記入するようになりました。そうした記号や符号を「12_____」といいます。「12_____」が記入された年が明確である最古の資料は大東急記念文庫蔵『13_____』（783（延暦2）年記入）です。

解 説

音義木簡
漢字に万葉仮名で読みを記したもの。

〈参照〉
片仮名＝第3講。

加点とは？

加点とは「10_____」「11_____」等を付すことです。加点用具には「14_____」「15_____」「16_____」絵の具（紫・緑・黄褐色等）、角筆があります。最も古い点は「17_____」であり、時代によって変化します。

この「10_____」「11_____」は、漢字の内部や周辺に付されます。「11_____」は ・ ｜ ／ ＼ ＋ ＝ 等の符号を記入して、その位置と形によって、特定の音節を表わします。

平安初期は加点の方法が多種多様なのですが、平安中期に入ると同じ学統の人々が、世代にわたって同一の「11_____」を使うようになります。なお、中世以降、次第に「11_____」は用いられなくなっていきます。

公刊されている訓点資料には、西大寺『21_____』（平安初期点）、東大寺『22_____』（883（元慶7）年点）、興福寺本『23_____』等があります。これらは資料の状態も良く、仮名による加点も多く見られます。

解 説

『大慈恩寺三蔵法師伝古点』
1071（延久3）年写。巻第1の前半に書写当時の朱点・墨点、続けて巻第1後半から巻第6末まで1116（永久4）年の墨点等があります。

訓点資料には上のような「18___」の他に『周易抄』『漢書』『蒙求』『史記』等の「19___」、そして『日本書紀』『延喜式』等の「20___」があります。加点は「18___」から始まりました。

和文資料と訓点資料

訓点資料は、平安初期の国風暗黒時代のものも含め、後世の転写本ではなく加点当時の資料が多く残っているため、日本語史の第一級資料といわれています。ただし、内容を解読するのは難しく、また訓点資料は寺院・神社に秘蔵されているため簡単に見ることはできません。

訓点資料を読んでみよう！

点図を頼りに、訓点資料を読んでみましょう。点図とは、研究者が解読したヲコト点の解説のことです。今回は『石山寺本大智度論』巻79を読んでみましょう。点がわかりやすいようにしてあります。

点をそのままつなげただけでは意味が通らないところがあるので、研究者が適宜補って読んでいます。このことを「24___」といいますが、その部分は丸カッコで示しています。

（1）菩薩「25___」心「26___」生「27___」、口「26___」一切「28___」度「29___」為（になり）「30___」言「31___」。

（2）仏道「25___」甚（だ）難「27___」。
久（し）「32___」生死「26___」住「33___」無量「34___」苦「28___」受「32___」。
旦（く）小乗「28___」以（て）早「32___」涅槃「26___」入（り）「35___」。

▶注
大坪併治（2005）『石山寺本大智度論古點の國語學的研究』大坪併治著作集 10、風間書房

解説
度
ここでは「渡」の意味です。
(2)には一部省略した符号があります。

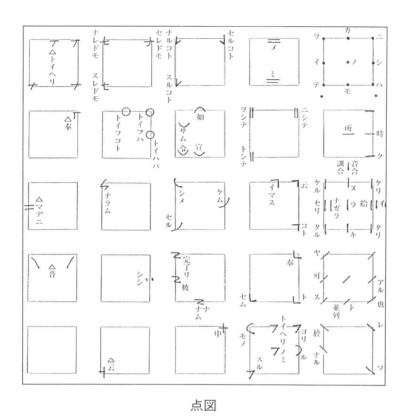

点図

石山寺本大智度論

(1) 菩薩心生口言フ為ㇾ度一切

(2) 仏道甚難。久住生死受無量苦旦以小乗早入涅槃。

○は区切り点を示しています。

第7講 「いろはにほへと」は諸行無常

ア行の「エ」とヤ行の「エ」

　現代語では、ア行の「エ」とヤ行の「エ」の区別がありません。では、いつ頃なくなったのでしょうか。これについては、【₁_____】頃までは、区別があったといわれています。その証拠をあげていきましょう。

　まず、手習に用いた「₂_____」です。『うつほ物語』等、中古の資料に散見します。

(1)　あめ　つち　ほし　そら　　天　地　星　空
　　　やま　かは　みね　たに　　山　川　峰　谷
　　　くも　きり　むろ　こけ　　雲　霧　室　苔
　　　ひと　いぬ　うへ　すゑ　　人　犬　上　末
　　　ゆわ　さる　おふせよ　　　硫黄　猿　生ふせよ
　　　<u>え</u>のえを　なれゐて　　<u>榎の枝を</u>　馴れ居て

上記の榎「エ」は「₃_____」の[e]であり、枝「エ」は「₄_____」の[je]です。

　そして、源為憲の『₅_____』に記載されている「₆_____」(970（安和3、天禄元）年)には、ア行の「エ」とヤ行の「エ」の区別がなくなっています。音のうえでは、「₇_____」に合流したのではないかと考えられています。

(2)　たゐにいて　　　　　田居に出で
　　　なつむわれをそ　　　菜摘む我をぞ
　　　きみめすと　　　　　君召すと
　　　あさり　おひゆく　　求食り　追ひ行く
　　　やましろの　　　　　山代の

解説

手習
仮名を習い覚えることをいいます。その際に、手本として「あめつち」「たゐに」「いろは」等を用いました。これらは、仮名を繰り返すことなく網羅したものです。

「あめつち」は中国の『千字文』の影響によってつくられたといわれています。『千字文』は一字の重複もなく、千字の漢字を用いて、人倫道徳等の知識を内容とする（四字からなる250句）習字の手本です。『千字文』＝第1講。

源為憲
?–1011年。平安中期の学者・文人。漢詩文に秀でており、出家した冷泉天皇皇女尊子内親王のために「三宝絵詞」を撰進しました。
源 順（911–983年、平安中期の歌人・学者）に師事していました。

うちゑへるこら　　打酔へる子等

もは　ほせよ　　　藻葉　乾せよ

えふねかけぬ　　　え舟繋けぬ

そして、「_8_____」歌へとつながっていきます。最古の資料は『_9_____』(1079（承暦 3）年）です。「_8_____」歌も清音で 47 音です。

（3）　いろはにほへと　ちりぬるを　色は匂へど　散りぬるを
　　　わかよたれそ　　つねならむ　我が世誰そ　常ならむ
　　　うゐのおくやま　けふこえて　有為の奥山　今日こえて
　　　あさきゆめみし　ゑひもせす　浅き夢見じ　酔ひもせず

なお、現在よく用いられるのは五十音図ですが、最古のものは醍醐寺蔵『_10_____』(1004–1028 年頃成立）にあります。ただし、

① 「_3___」「_11____」を欠いている（40 字しかない）
② 行順が「_12_____」である
③ 段順が「_13_____」である

といった特徴があります。

古くは、「_8_____」歌は「_14_____」作であり、五十音図は「_15_____」作といわれていました。しかし、現在は両方とも否定されています。「_14_____」は日本の真言宗の開祖で 774–835 年に生きた人物です。まだ、ア行の「エ」とヤ行の「エ」の区別があった時代ですね。

音便

中古には発音の都合等で、子音が「_16____」したり、他の音に転化したりすることにより新しい語形が生じるようになりました。このような現象を「_17____」といいます。音便には以下の 4 種類があります。

① 「_18__」音便：次いで（←次ぎて）、「_19_____」（←ふさぎて）
② 「_20__」音便：かうばし（←かぐはし）、やうやく（←やをやく／

解説

いろは歌

「諸行無常」形あるものは必ず滅ぶ、「是生滅法」この世に誰が恒常であることを得よう、「生滅滅已」生滅無常の奥山を今日超越して、「寂滅為楽」浅はかな夢はもう見まい酔うこともなく

▶注

小松英雄（1979）『いろはうた―日本語史へのいざない―』、馬渕和夫（1993）『五十音図の話』大修館書店、等参照。

やくやく)、無う(←無く)、「₂₁　　　」(妹)(←いもひと)

③ 「₂₂　　」音便：「₂₃　　」(←持ちて)、あやまって(←あやまちて)、偽って(←偽りて)

④ 「₂₄　　」音便：なんなむ(←なりなむ)、いかんぞ(←いかにぞ)

　促音便と撥音便は「たて(立って)」「あなり(あるなり→あんなり)」のように音便が表記されないことが多くありました。

　音便は、日本語の音韻体系に大きな影響を与えました。まず、「₁₈　　」音便・「₂₀　　」音便が取り入れられたことにより、上代語では忌避された「₂₅　　　」が許容されるようになりました。そして「₂₂　　」音便や「₂₄　　」音便の発生により、日本語に新しい音として「₂₆　　」や「₂₇　　」が加わりました。

撥音「ん」の表記

　現代語では「ん」において［m］と［n］は区別されていませんが、中古では「み」「び」等が撥音化した［m］と、「に」「ぬ」等が撥音化した［n］とは、区別されていました。

　たとえば、『土左日記』(935年頃)の［m］は「つむだる」(「摘みたる」→「摘んだる」)と「む」で書かれています。それに対して、［n］は「ししこ」(「死にし子」→「死んじ子」)と無表記です。

　なお、訓点資料でも［m］は「ム」、［n］は無表記です。

現代語のヘボン式「ん」

　現代でも、地名「新橋(しんばし)」が標識等で「Shimbashi」のように［m］表記されているものがあります。それに対して「神田(かんだ)」は「Kanda」で［n］表記です。

撥音「ん」は「ローマ字のつづり方」(内閣告示第一号)によると、「はねる音「ン」はすべてnと書く」とされています。

その他、たとえばパスポートを申請する際には、ヘボン式ローマ字でつづらなければなりません。その際の撥音は「「ん」はNで表記→(例)かんの KANNO／ほんだ HONDA」「(特例) B・M・Pの前では、「ん」は「M」で表記 なんば NAMBA／ほんま HOMMA／まんぽ MAMPO」とされています。

「ん」の実際の発音は、直後の音により相違するものであり、現代語の上記のつづり方は、この発音の違いを反映したものです。しかし、現代人は同じ「ん」と捉えています。

それに対し、古代では[m]と[n]を音として区別できる人がいて、資料にもその区別が現われていると考えられます。

〈参照〉
ローマ字のつづり方＝第20講。

▶注
「東京都生活文化局」HPより抜粋

促音「っ」の表記

促音は中古では原則として無表記です。

辞書や訓点資料では「レ」のような符号や撥音と同じ「ン」「ム」で書かれることもありましたが、一般的には無表記で、院政期頃から「ツ」で書く文献が現われます(院政末期の高山寺蔵『古往来』で「追」に「ヲッテ」とあります)。また平仮名文献では、『往生要集』(1181(治承5)年写)に「もんて(以て)」「いんすく(一宿)」等が見られます。

第8講 漢文訓読・和文のことばと、古代語の色

訓読特有語・和文特有語

▶注
築島裕（1969）『平安時代語新論』東京大学出版会

　中古では、漢文訓読文と和文でそれぞれ用いられる語が大きく相違します。それは、同じ意味を表わす語が、漢文訓読文と和文との間に対立的に見いだせるということです。例をあげてみましょう。

漢文訓読文と和文のことば

品詞	意味	漢文訓読文	和文
助動詞	比況	「_1_____」	「_2_____」
	使役	しむ	（さ）す
接続詞	「そうして」等	しこうして	さて
	「しかし」等	しかるに・しかるを	されど・さはあれど
程度副詞	「非常に」	「_3_____」	「_5_____」
		「_4_____」	「_6_____」
			「_7_____」
情態副詞	「前もって」	「_8_____」	「_9_____」
	「すべて」	ことごとく	すべて
動詞	「裂」	さく	やる
	「立腹」	いきどほる	むつかる
名詞	「頭」	かうべ	かしら・みぐし
	「目」	「_10_____」	「_11_____」

解説

やる
ラ行四段動詞で、「紙等を引きちぎる、やぶる」といった意味です。『土左日記』（承平5年2月16日）「とまれかうまれ、とく破りてん」（とにかく、（こんなものは）はやく破ってしまおう）という記述があります。

　以上のような語を「_12_____」「_13_____」とよびます。ただし、「_12_____」は和文の中に若干混入していることがあります。

作者は男性！？

　『_14_____』はよく知られている「かぐや姫」の話ですが、平

安初期には成立していたと考えられ、たとえば『₁₅　　　　』（紫式部）では「物語の出で来はじめの親」とされています。実はこの『₁₄　　　　』、作者は男性であるといわれています。

　まず、内容的なものとして、かぐや姫が求婚者に出す難題「仏の御石の鉢」、「蓬莱の玉の枝」、「火鼠の皮衣」、龍の頸にある「五色に光る玉」、燕がもっている宝貝「子安貝」から、作者は広く「₁₆　　　　」や「₁₇　　　　」（『大唐西域記』『水経注』『列子』『荘子』等）を読みこなしていたであろうことがわかります。

　次に、かぐや姫のことば遣いです。たとえば、求婚者のひとりである車持の皇子にかぐや姫は「銀を根とし、金を茎とし、白き玉を実として立てる木あり」といいます。この「とし」「として」は「₁₂　　　　」です。その他にも、「内匠寮の工匠、あやべの内麻呂申さく、玉の木を作り仕うまつりしこと、五穀を断ちて、千余日に力をつくしたること、すくなからず。しかるに、禄いまだ賜はらず。」といった接続詞「₁₈　　　　」（「₁₂　　　　」）を使わせています。

　このような点は『₁₉　　　　』も同じで、紀貫之は「女もしてみんとてするなり」としているのですが、「₂₀　　　　」「₁　　　　」「₂₁　　　　」等といった「₁₂　　　　」を用いており、随所に作者紀貫之の漢文的素養が見えます。

日本語の色名

　上代では和語において、色の名を表わしたのは「₂₂　　・₂₃　　・₂₄　　・₂₅　　」のみであり、以下の形容詞と関係があるといわれています。

明暗…アカシ　アカ（明）　　クラシ　クロ（暗）
濃淡…シロシ　シロ（著）　　アワシ　アヲ（淡）

（１）　内侍所の御神楽の夜、（略）家綱がいふやう、「庭火白く焚きたるに、袴を高く引き上げて」

▶注
小松英雄（2001）『日本語の歴史　青信号はなぜアオなのか』笠間書院。なお、佐竹昭広（2000）『万葉集抜書』（岩波現代文庫学術34）では、アカ（明）、クロ（暗）、シロ（顕）、アヲ（漠）という「明－暗」「顕－漠」という2系列の用語が色を表わすために転用されたものとしています。本書の「明（アカ）」・「暗（クロ）」・「著（シロ）」・「淡（アヲ）」は小松（2001）によります。

解説
(1)「しろく」は現代語で「アカアカと明りが灯る」の「アカアカと」に相当します。
(2)「あをふち」は、底知れぬ深みのことです。

(宇治拾遺物語、陪従家綱、行綱、互ひに謀りたる事)

（2） 名おそろしきもの　青淵。谷のほら。鰭板。くろがね。つちくれ。いかづちは名のみにもあらず、（略）

(枕草子、名おそろしきもの)

なお、『枕草子』にみられる「むらさきだちたる雲」の「むらさき（紫）」は「茜（赤根）」「梔」等と同じく、染色に用いられる植物の名前を由来としています。

色の伝統的な対立

日本語の色には、以下の伝統的な対立があるといわれています。

① 　アカとシロが対：運動会（紅組・白組）
② 　アカとアオが対：色鉛筆、カビ、鬼、紫蘇、蛙

解説
鯨幕
葬式の時に使う白黒の幕

③ 　クロとシロが対：凶事（鯨幕）、容疑、素人／玄人

以上の４色（アカ、シロ、アオ、クロ）以外に反対色をもつものはなく、アカアカと、シラジラと（〜夜が明ける）、アオアオと、クログロとという形式の「㉖　　　　」があるのも、これら４色だけです。年末の「紅白歌合戦」は①の対立を利用しているんですね。

アオとアカ

アオについては、次のようにいわれています。

▶注
小松英雄（2001）(39ページ参照)

「本来、アヲは、ぼんやりした色調をさす語であり、現代語でも、その延長として、さえない顔色をさす用法などが残っている。アヲには未成熟な状態をさす用法が支配的になり、新鮮さをも表わすようになった。ただし、それらはどういう特性を表面に出すかの違いであって、根底は同じである。」

現代語のアオも次のように整理されます。

① 　伝統的用法：青い顔、青菜、青物、青竹、青二歳
② 　伝統を離れた用法：青空

このように、現代では澄んだ青空のような色が、アオの典型とみなされているのですが、それは近年になってからのことです。

なお、輝くような濃厚なブルーには古くから「27_____」が用いられています（「27_____」は顔料の名称）。これらの漢語「27_____」の例は、いずれも和語の色名にはない鮮やかな原色のイメージです。

（３）　皮衣を見れば、金青(こんじやう)の色なり。　　　　（竹取物語）

（４）　富士の山はこの国なり。（略）その山のさま、いと世に見えぬさまなり。さまことなる山の姿の、紺青(こんじやう)を塗りたるやうなるに、雪の消ゆる世もなくつもりたれば、色濃き衣(きぬ)に白き袙(あこめ)着たらむやうに見えて、　　　　（更級日記）

最後にアカですが、上代では赤色といった色の意味での例は見られません。そして、中古になると色の意味で用いるようになるのですが、以下のようにまだ「明るい」の意味で用いられているものも見られます。

（５）　家のあたり、昼(ひる)の明(あか)さにも過ぎて、光(ひか)りたり。望月(もちづき)の明さを十合(とをあ)せたるばかりにて、在(あ)る人の毛の穴さへ見ゆるほどなり。　　　　（竹取物語）

訳
(5) 家の周辺が、昼の明るさ以上に光輝いた。満月の明るさを十も合わせたような明るさで、そこにいる人の毛の穴まで見えるほどである。

『万葉集』のミドリ

『万葉集』には以下のようにミドリということばが見られます。

（６）　弥騰里児乃　知許布我其登久　安麻都美豆　安布芸弖曾麻都
　　　　（みどり子の　乳乞ふがごとく　天つ水　仰ぎてそ待つ）

（万葉集、巻 18、4122）

『万葉集』には他に「緑子、緑児」等があり、ミドリコと読まれています。ミドリコは生まれて間もない子供をさし、色とは関係ありません。

第9講 起く・起くるとき・起くれば

動詞の活用

語が文中での働きや後続する語との接続に応じて形態変化することを「₁____」といいます。「₁____」は一般的に、「₂____」・「₃____」・「₄____」・「₅____」・「₆____」・「₇____」の6活用形に分けて記述されます。中古語の動詞の活用を整理しましょう。

表1 中古語の動詞の活用

			語幹	未然	連用	終止	連体	已然	命令
後に続く形				～ず	～たり	～。	～とき	～ば（原因・理由）	～。
強変化	四段	書く	か		8____	9____	10____	10____	11____	11____
	ラ行変格	あり	あ	ら	り	12____	る	れ	れ
折衷	ナ行変格	死ぬ	し	な	に	13____	14____	15____	ね
弱変化	上一段	見る	○	み	み	16____	16____	17____	みよ
	上二段	起く	お	9____	9____	10____	18____	19____	20____
	下一段	蹴る	○	け	け	21____	21____	22____	けよ
	下二段	受く	う	11____	11____	10____	18____	19____	23____
	カ行変格	来	○	24____	9____	く	くる	くれ	こ / こよ
	サ行変格	す	○	25____	26____	す	する	すれ	せよ

動詞の活用は大きく分けて「₂₇____」動詞と「₂₈____」動詞の2つのパターンに分けられます。

「₂₇____」動詞とはア段からエ段までの母音交替による活用のことで、「₂₉____」活用と「₃₀____」活用が含まれます。なお、「₃₀____」活用は「₄____」形のみが「₂₉____」活用と

異なっています。「_30_____」活用動詞は、すべて「_31_____」を表わす動詞です。

「_28_____」動詞とは、強変化のような母音交替ではなく、「る」「れ」等の語尾が付加して語形変化を起こすもののことです。これには、「_32_____」活用・「_33_____」活用・「_34_____」活用・「_35_____」活用・「_36_____」活用・「_37_____」活用が含まれます。「_36_____」活用は「_2___」形と「_7___」形が「_33___」活用と異なり、「_37_____」活用は「_3___」形のみが「_35_____」活用と異なるという独自の特徴をもっています。「_32_____」活用動詞は、語尾「る」「れ」の前の部分が、すべて一音節です。また、「_34_____」活用動詞は「蹴る」一語しかありません。その「蹴る」は、上代では「_35_____」活用であったと考えられています。

「_38_____」活用について、「_2___」形・「_3___」形・「_4___」形・「_7___」形は「_27_____」動詞のように母音が交替しますが、「_5___」形・「_6___」形は「_28_____」動詞のように「る」「れ」が付加された語形になっています。

> **解 説**
>
> 活用の覚え方
> ①所属語彙数の少ない活用は覚える。
> ・ラ変：あり（をり、はべり、いまそがり）
> ・ナ変：死ぬ、去ぬ
> ・上一段：射る、着る、似る、煮る、干る、見る、居る等
> ・カ変：来る
> ・サ変：する
> ②未然形で見分ける（〜ず、〜ないをつける）
> ・書く→書かず：ア列音＝四段
> ・起く→起きず：イ列音＝上二段
> ・受く→受けず：エ列音＝下二段

形容詞・形容動詞の活用

表2　中古語の形容詞・形容動詞の活用

		語幹	未然	連用	終止	連体	已然	命令
後に続く形			〜ず	〜けり	〜。	〜とき	〜ば（原因・理由）	〜。
形容詞	ク活用	赤し	あか	_39_ 10___	_40_ 10___	し	き かる	けれ	かれ
形容詞	シク活用	うつくし	うつく	_42_ 41___	_43_ 41___	し	しき しかる	しけれ	しかれ
形容動詞	ナリ活用	静かなり	しずか	なら	_45_ 44___	_44___	なる	なれ	なれ
形容動詞	タリ活用	堂々たり	だうだう	たら	_47_ 46___	_46___	たる	たれ	たれ

形容詞の活用には「_48____」活用と「_49____」活用があります。また、形容動詞には「_50____」活用と「_51____」活用があります。「_51____」活用は主に漢語に接続するもので、中古の漢文訓読の中で発達しました。

活用に起きた変化

中世以後、動詞の活用には以下のような変化がありました。

① 「_4____」形・「_5____」形の合流：「_33____」活用動詞「起く」は古代語では終止形「_52____」、連体形「_53____」のように終止形・連体形の形が異なっていましたが、「_5____」形が一般の終止の機能をもつようになり、「_4____」形が使われなくなっていきました。この変化は【_54____】から起こり始めました。同様の変化は形容詞にも起こっており、連体形「赤き」が音便化した「赤い」という形が一般の終止の機能をもち、「_4____」形は衰退しました。

〈参照〉
二段動詞の一段化＝第17講。

② 「_55____」活用の「_56____」活用化：「_33____」活用、「_35____」活用は「_4____」形・「_5____」形・「_6____」形の形が変わり、それぞれ「_32____」活用、「_34____」活用となりました。この変化は【_57____】から【_58____】にかけて起こりました。

また、個々の活用でも、以下のような変化が起こっています。

③ 四段活用：中世以降、連用形に「_59____」の形が加わりました。また、「未然形＋助動詞「む」」が「書かむ」→「書かう」→「書こう」のように変化し、「_2____」形にオ列音の形（「書こ」）が生まれました。そのため、「_60____」活用となりました。

〈参照〉
ナ行変格活用の四（五）段活用化＝第17講。

④ ナ行変格活用：【_58____】以降に「_60____」活用になりました。

⑤ 下一段活用「蹴る」：「_60____」活用に統合されました。

⑥ ラ行変格活用：「_4____」形の衰退により「_60____」活用に統

⑦ 一段動詞の命令形：現代語では「起きろ」のように語尾が「ろ」になっています。「ろ」の形は上代から「[61____]」で使われており、その形が一般的になったためと考えられます。

形容詞の活用と意味

形容詞の「[48___]」活用と「[49____]」活用にはそれぞれ以下のような語彙が所属しています。

① 「[48___]」活用：高し、広し、深し、苦し等
② 「[49___]」活用：悲し、うれし、恋し、いとほし等

このことからク活用の形容詞は、「[62____]・[63___]」を表わし、シク活用は「[64____]・[65___]」の意味に偏るとされています。

解　説
ただし、この意味の区別には「憂し」（ク活用）「峻し」（シク活用）等例外も一定数あります。

活用語尾に含まれる「あり」

形容詞の活用は2列になっており、たとえばク活用形容詞の未然形には「[10___]」と「[39____]」の2つの形式があります。このような「（し）から・（し）かり・（し）かる・（し）かれ」の列を「[66____]」活用、あるいは形容詞の補助活用とよぶことがあります。これは、語源的には「[10___]」に「[67____]」が接続したものです。本来の活用語尾「く」「し」「き」等では「[68_____]」が下接できないため、「[67____]」を接続させて、助動詞を下接していると考えられています。

同様に形容動詞のナリ活用・タリ活用も「[67____]」を接続することによって成立しました。「静かなり」の起源は「静か」+「[45___]」+「[67___]」、「堂々たり」の起源は「堂々」+「[47___]」+「[67___]」です。

第10講 食ひつ、食ひき、食はむ

古代語の助動詞

古代語の助動詞をおおよそ意味によって分類すると以下のようになります。

古代語と現代語の助動詞

文法カテゴリー	意味	古代語	現代語
ヴォイス ある出来事をどの立場から表現するかを表わす	受身・尊敬・可能・自発	(ら)る	(ら)れる
	使役・尊敬	(さ)す、しむ	(さ)せる
アスペクト 出来事がどの局面にあるか(動作継続／結果状態)を表わす	完了・存続	つ、ぬ たり、り	
テンス 出来事と発話時の時間関係(過去／現在／未来)を表わす	過去	き、けり	た(だ)
丁寧			ます
断定		なり、たり	だ、です
否定		ず	ない、ぬ(ん)
モダリティ 話し手の心的態度を表わす	意志・推量	む、らむ、けむ むず べし	(よ)う
	証拠性の推定	めり、なり、らし	らしい、そうだ
	打消推量	じ、まじ	まい
	反実仮想	まし	
	希望	まほし、たし	たい、たがる
	比況	ごとし	ようだ

「1_____」・「2_____」の助動詞は総じて古代語の方が多いこと、丁寧の助動詞(現代語では「です」「ます」)が古代語には見

られないことが特徴です。

古代語のアスペクト・テンス

「つ」「ぬ」「たり」「り」は「₁＿＿＿＿＿＿」を表わす助動詞です。

「つ」「ぬ」は「₃＿＿＿＿＿」（＝運動を局面に分割せず、ひとまとまりの出来事として捉える）を表わすとされ、「つ」は「₄＿＿＿＿」、「ぬ」は「₅＿＿＿」の完成を表わします。

（1）「宮の侍に、平重経(さぶらひ)(しげつね)となん名のりはべり<u>つる</u>」と聞こゆ。

（源氏物語、東屋）

（2）「夜更けはべり<u>ぬ</u>」と聞こゆれど、なほ入りたまはず。

（源氏物語、須磨）

「たり」「り」は、動作・変化の「₆＿＿＿＿」とそれに伴う「₇＿＿＿＿＿＿＿＿」を表わします。ただし、現代語の「ている」と違い、「たり」「り」は進行中の事態は表わしません。

（3）さと光るもの、紙燭をさし出で<u>たる</u>かとあきれたり。

（源氏物語、蛍）

古代語の助動詞「き」「けり」は「₈＿＿＿＿＿」（過去・非過去）を表わす助動詞です。

「き」は「₉＿＿＿＿」を表わす基本的な形式でした。

（4）「昨日、上は見たてまつりたまひ<u>き</u>や。かのことは思しなびきぬらんや」と聞こえたまへり。（源氏物語、行幸）

「けり」は、「₁₀＿＿＿」＋「₁₁＿＿＿」から成立したと考えられています。「けり」は、もともとアスペクトを表わす形式であったのですが、そこから会話でよく用いられる「₁₂＿＿＿＿＿」の意味や、地の文で用いられる過去の意味が派生したものと考えられています。

（5）暗くなるほどに、「今宵、中神、内裏よりは塞がりてはべり<u>けり</u>」と聞こゆ。（源氏物語、帚木）

（6）いとやむごとなき際にはあらぬが、すぐれて時めきたまふあ

解説
文法カテゴリー
主として異なるいくつかの文法的意味（たとえば「過去」と「非過去」）を一つにまとめた、共通する文法的意味（上記の場合「テンス」）を文法カテゴリーといいます。

▶注
青木博史（2013）「文法史」『国語史を学ぶ人のために』世界思想社

訳
(1)「中宮職の役人で、平重経と名のっておりました」と申し上げる。

(3) ぱっと光るもの（を差し出され）、まるで紙燭を差しだしたのかとびっくりした。
(4)「昨日、主上を拝されましたか。あの件についてはその気におなりでしょうか」とお便りをさしあげなさる。

解説
気づき
以前から成立していたことに、発話時の直前に気づいたことを表わします。

訳
(5) 暗くなるころに、「今夜は、こちらは、中神が宮中からは塞がっておりました」と申し上げる。
(6) それほど高貴な身分ではない方で、たいそうご寵愛を受けている方がいらっしゃった。

りけり。　　　　　　　　　　　　　　　　　（源氏物語、桐壺）

助動詞「り」

「り」は「₁₃_____」動詞の「₁₄_____」形（「₁₅_____」形とも）、「₁₆_____」動詞の「₁₇_____」形という他の助動詞にはない接続をします。これは、「り」が「あり」を語源としていることが影響しています。

① 四段動詞連用形「咲き」＋「あり」→「咲けり」saki+ari>sakeri
② サ行変格動詞連用形「し」＋「あり」→「せり」si+ari>seri

上記に示すように、四段動詞末（咲き：sak<u>i</u>）の「i」に「あり」の「a」が続き（母音連続）、融合した結果「咲け sak<u>e</u>」のように「e」になったと考えられます。

解説
古代語では母音連続は回避される傾向があります。母音融合＝第4講。

なぜ、已然形と命令形？

さて、「り」の四段動詞への接続が、「₁₄_____」形または「₁₅_____」形と説明されるのはなぜでしょうか。これには上代特殊仮名遣いのエ列甲乙の区別が、中古にはなくなったことが関係しています。まず、上代の四段動詞の母音を詳しく見ると、已然形はエ列乙類の仮名が使われているのに対し、命令形はエ列甲類の仮名が使われています。

① 四段動詞の上代の活用

已然形「咲け（ば）」sa$ke_乙$ba／命令形「咲け」sa$ke_甲$

② 「咲き」＋「あり」：sa$ki_甲$+ari>sa$ke_甲$ri

次に、上代の四段動詞における連用形末尾の音（例「咲き」saki）の「i」は「₁₈_____」類です。そして、イ列甲類（「咲き」の「i」）と「あり」の語頭「a」が融合したエ列音は「₁₈_____」類でした。

このように、「り」の前のエ列は上記②のように「₁₈_____」類なのですから、上代なら「₁₈_____」類である命令形と考えられますが、中古以降は甲乙の区別はなくなったので、已然形と説明されることがあるんで

すね。

「たり」から「た」へ

　古代語では6つの助動詞がテンス・アスペクトとして用いられていましたが、【₁₉　　　】時代以降、「₂₀　　　」以外の5つの助動詞が話しことばで用いられなくなる等、整理されていきます。

　この「₂₀　　　」は、もともと「₄　　　」継続は表わしにくく、また「₂₁　　　　」の述語には接続しない、という特徴があることから、述語の意味を状態化する働きをもっていたと考えられます。

　そして、次第に「₂₀　　　」は「₂₂　　」に形を変えていきます。「₂₂　　」の早い例としては以下の例があります。

　　（7）　とききぬと古郷さして帰る雁こぞ<u>来た</u>みちへまたむかふなり
　　　　　　　　　　　　　　　　　　　　　　　　　　　　（為忠集、18）

　また中世には、「₂₁　　　　　」の述語に接続する例が見られるようになります。

　　（8）　其女房ニ大喬・小喬トテ二人<u>アツタ</u>ゾ　　（湯山聯句鈔）

　　（9）　人がこぞって、足を踏み入れうずるところも<u>なかった</u>によって
　　　　　　　　　　　　　　　　　　　　　　　　（エソポのファブラス）

　このことから、中世後期には「₈　　　　」形式としての「た」が成立していたと考えることができます。

　それに対し中世以降、「₁　　　　　　」を表わすものとして、以下が現われます。

① テ形補助動詞：「ている」「てある」
② 「₂₃　　　　　」：「〜ところだ」「〜ばかりだ」
③ 「₂₄　　　　」：「〜始める」「〜続ける」「〜終わる」

特に中核的に用いられたのは「ている」「てある」です。

解説

『為忠集』
鎌倉中期頃の私家集。

訳

（7）時が来たと故郷を指して帰る雁は、今年来た北への道を再び帰っていく。
この例では「北」は「来た」の意味をもつ掛詞として用いられています。ここでは国歌大観の表記を変更しました。

解説

『湯山聯句鈔』
1504（永正元）年。一韓智翃による抄物。抄物＝第13講。

第11講 「ぞ」がきたら文末は連体形！

係り結び

係り結びとは、係助詞「₁___」「₂___」「₃___」「₄___」「₅___」が文中に現われると、その文末が連体形または已然形という特殊な終止の形式をとる現象をいいます。「₁___」「₂___」「₃___」「₄___」では「₆___」、「₅___」は「₇___」です。文の結び方を練習してみましょう。

（1）夢のやうに<u>ぞ</u>有「₈___」。（←けり、連体形）

（2）今日<u>なむ</u>参り「₉___」。（←はべり、連体形）

（3）人違へに<u>こそ</u>侍る「₁₀___」。（←めり、已然形）

（4）いづれの山<u>か</u>天に「₁₁___」。（←近し、連体形）

（5）ほかなるほどは恋しく<u>や</u>「₁₂___」。（←あり、連体形）

係り結びの意味は、文中の話し手が特に伝えたい部分（焦点）を示したり、またその要素について疑問を述べたりすることにあります。「ぞ」「なむ」「こそ」は「₁₃___」、「や」「か」は「₁₄___」の係助詞です。

なお、「ぞ」「なむ」「こそ」はすべて「₁₃___」とされますが、その使い方には以下のような違いがあるといわれています。

① 「ぞ」は「₁₅___」（「何」等）とともに用いられるが、「なむ」は用いられない。

② 「なむ」は「₁₆___」にはほとんど用いられず、散文では「₁₇___」文に多い。

③ 「こそ」の係り結びも「₁₃___」といわれるが、「₁₈___」の中で一つを強調する意味をもつとされる。

また、「か」と「や」は、中古において、「か」が「₁₅___」疑問文、「や」が「₁₉___」疑問文で使われるというすみ分けがありま

解説

疑問詞疑問文
「何」「どこ」「誰」等の疑問詞をおき、その内容を問う疑問文。（例「昨日はどこへ行ったんですか？」）

真偽疑問文
疑問の内容の是非を問う疑問文。Yes-No疑問文ともいわれる。（例「昨日、学校へ行きましたか？」）

した。ただし、「か」は【20　　】において、真偽疑問文でも用いられており、また、【21　　】以降、「や」には疑問詞疑問文で用いられた例もあります。

「が」と「の」と「を」

現代語では「が」は「22　　」（例「赤ちゃんが歩いた」）として、「の」は「23　　」（例「僕の本」）として用いられています。

しかし、古代語では「が」（例「梅が枝」）も「の」（例「下衆の家」）も「23　　」を表わす助詞であり、主文の「22　　」で用いられることはありませんでした。なお、主文の「22　　」はゼロ（格助詞なし）で表わされていました。ただし、連体節では「が」「の」は、「22　　」として用いられることがあります。

（6）（主文）月、出づ。

（7）（連体節）［月が出づる］時／［月の出づる］時

そして、「が」が主文の「22　　」として用いられる例は【24　　】期に見られるようになります。

（8）年五十許ナル男ノ怖シ気ナルガ、水干装束シテ、打出ノ大刀帯タリ。　　（今昔物語集、観硯聖人在俗時値盗人語第18）

さらに「述語＋が＋述語」という構造が生まれたことにより、「が」は「25　　」の用法ももつようになりました。以下の例では「が」の後に主語のある節があり、「が」の機能は文と文をつなぐ「25　　」になっていることがわかります。

（9）女、「糸喜シ」ト云テ行ケルガ、怪ク此ノ女ノ気怖シキ様ニ思エケレドモ、　（今昔物語集、近江国生霊来京殺人語第20）

なお、「が」と同様の、格助詞から「25　　」が形成されるという変化は「を」でも起こっています。「を」はもともと「26　　」でしたが、上代には「27　　」としての用法ももっていました。そして、【28　　】以降、接続助詞の用法が見られます。

解　説

主格
主に文の主語を表わす格。

属格
主に名詞と接続する時にとる格。

訳

(8) 年が50くらいで恐ろしげな男が水干装束で新身の太刀をもってすわっていた。

(9) 女は、「本当にうれしいこと」と言って歩き出したが、この女の様子がどうにも怪しく恐ろしいように思われてならない。

（10）蛍のとびありきけるを、「かれとらへて」と、この童にのたまはせければ、　　　　　　　　　　（大和物語、ほたる）

この例でも、「を」の前の「とびありきける（飛び回っていた）」と、「を」の後の「のたまはせければ（おっしゃったので）」とは、主語が異なっているので、「を」は「25_____」だといえます。

準体句

日本語では「赤い花」「昨日食べたごはん」「魚を焼く煙」のように、ある名詞（主名詞）にその名詞を説明するための語句を前につけて、名詞のまとまりをつくることがあります。そのまとまりのことを「29_____」といいます。

ところが、古代語には以下のように、名詞句末に主名詞が示されず、活用語の「6_____」のみで構成される名詞句があります。これを「30_____」とよびます（φはそこに何も言語形式が入らないことを表わします）。

　　（10）仕うまつる人の中に心確かなるφを選びて　　（竹取物語）
　　（11）いみじき愁へに沈むφを見るにたへがたくて
　　　　　　　　　　　　　　　　　　　　　　　　　（源氏物語、明石）

「30_____」は意味的に「31____」「32_____」を表わすもの（「仕うまつる人の中に心確かなるφ」）と、「33_____」を表わすもの（「いみじき愁へに沈むφ」）が存在します。

しかし、【34_____】時代末〜【35_____】時代初期にかけて、この「30_____」は衰退し、名詞句末に現代語のように「の」を付すノ句が増えてきました。

　　（12）せんどそちへ渡ひたのは何としたぞ。（虎明本狂言、雁盗人）
　　（13）姫が肌に父が杖をあて、探すのこそ悲しけれ。（貴船の本地）

なお、古代語には現代語と同じように名詞の代用となる「の」も存在しています。「これ誰の？」「私の！」（私のもの）のように使われる

解　説

『貴船の本地』
室町時代頃。御伽草紙。

「の」です。名詞句末の「の」は、このような「36_____」用法の「の」から発達したと考えられます。

(14) 人づまとわがのとふたつおもふこはなれにしそではあはれまされり　　　　　　　　　　　　（好忠集、458）

連体形終止

古代語の文は、終止形で終止するのが基本で、係り結びの場合に（係助詞「ぞ」「なむ」「や」「か」）連体形、（係助詞「こそ」）已然形で終止するものがある、というのは先ほど確認した通りです。

しかし、古代語でも係助詞を伴わなくても連体形で終止することもありました。

以下のような、中古の連体形で終わる文（連体形終止文）は「16_____」や「17_____」文に限って見られる表現です。

(15) みよしののの山の白雪踏みわけて入りにし人のおとづれもせぬ
　　　　　　　　　　　　（古今和歌集、巻6、327）

(16) 「仏を紛れなく念じつとめはべらんとて、深く籠りはべるを、かかる仰せ言にてまかり出ではべりにし」（源氏物語、手習）

このように係助詞がないのに、文末は連体形となっています。このような表現は、(15)は「37_____」、(16)は「38_____」する表現といった一定の表現効果が認められます。

しかし、院政期（11世紀後半–12世紀末）より、特殊な表現価値を伴わない連体形終止文が増えてきました。

(17) カシコナル女ノ頭ニケダモノヽアブラヲヌリテヲル
　　　　　　　　　　　　（三宝絵詞、行儀菩薩）

(18) 心ニ慈悲有テ身ノ才人ニ勝タリケル
　　　　　　　　　　　　（今昔物語集、参河守大江定基出家語第2）

そして【34_____】時代以降、このような連体形終止が一般化しました。

訳

(14) 人妻と自分の妻と2人を愛すると、慣れ親しんだ自分の妻のほうがいとしいことだ。

解説

『好忠集』
11世紀後半～12世紀前半。曾禰好忠による私家集。

注

青木博史（2013）「文法史」『国語史を学ぶ人のために』世界思想社

訳

(15) 吉野の山の白雪を踏みしめ、かき分けるように、仏の道を求めていったあの人が、姿を見せるどころか、便りさえもくれないとは、いったいどうしたわけなのだろう。

(16)「仏を一心に念じてお勤行をいたそうと存じまして、山に深くこもっておりますが、こうした仰せ言を承りましたので山を下りてまいった次第でございました。」

(17) あそこにいる女の頭にけものが油を塗っている。

解説

『三宝絵詞』
984年。源為憲編の仏教説話集。

訳

(18) 慈悲深く、学問は人に優れていた。

第12講　武士の時代へ（中世前期）

中世前期・後期の時代背景

　鎌倉時代の始まった12世紀末（1185（寿永4）／1192（建久3）年）から江戸時代が始まる17世紀初め（1603（慶長8）年）までを中世とします。さらに、鎌倉時代を中世【₁　　　　】、そして南北朝・室町時代から江戸時代が始まるまでを中世【₂　　　　】とします。

① 中世前期

　鎌倉幕府は、源頼朝が鎌倉に幕府を開いた日本ではじめての武士政権です。この時期は中古の貴族を中心とした政治体制が崩壊し、荘園が衰退、各地に守護・地頭が設置される等、古代的な経済・社会制度が中世的な武士による直接統治の機構に置き換えられていった時代です。

② 中世後期

　1333（元弘3）年に後醍醐天皇が一旦政権を奪取（建武新政）するのですが再び乱れ、1336（建武3、延元元）年には足利尊氏が光明天皇を擁立し室町幕府を創設します。後醍醐天皇は吉野に潜幸し南朝を開き、足利氏の立てた京都の北朝と抗争を始め、朝廷を二分する南北朝の動乱が1392（明徳3、元中9）年まで続きます。その南北朝時代の終了後一時的に幕府は安定しますが、それもやがて崩れ、応仁の乱（1467–1477年）によって京都が戦乱の場となります。

　以上のような政治における変革は、社会・文化にも変革を引き起こし、それが日本語にも反映され、古代語から近代語へと動き出します。文化の担い手も中古までの貴族や学者から、一般の武士・僧侶・大衆へと拡大していきます。

文体―院政期から鎌倉時代へ

「₃_____」は、中古まで対立していた和文の語と漢文訓読文の語が混ざり合ったもので、中世の散文の一つの中心となります。まず、代表的なものに、説話集『₄_____』があげられます。この『₄_____』は、漢語の要素を多く含み、その中に和語がまじっています。また、軍記物語『₅_____』『₆_____』『₇_____』等には、多くの漢語が用いられており、さらに当時の口語・俗語・軍用語も取り入れられています。

〈参照〉
『今昔物語集』＝第 5 講。

軍記物語『平家物語』

『平家物語』は鎌倉期成立で作者は不明ですが、「₈_____」法師とよばれる盲目の芸人が朗唱するもので、仏教思想を色濃く反映した内容です。文体的には、漢文訓読文や記録体を下敷きに和文的要素を取り入れた、「₃_____」となっています。武家語彙・仏教語彙が豊富で、漢語が多く使われるようになります。

その他、俗語や擬声擬態語（オノマトペ）も見られます。最古は「₉_____」（全 12 巻）です。なお、『平家物語』には、覚一本（高野本）を中心とする「₁₀_____」、また延慶本・源平盛衰記等の「₁₁_____」があります。

有名な冒頭を読んでみましょう。

（1）祇園精舎の鐘の声、諸行無常の響あり。娑羅双樹の花の色、盛者必衰の理をあらはす。おごれる人も久しからず、唯春の夜の夢のごとし。たけき者も遂にはほろびぬ、偏に風の前の塵に同じ。
（平家物語、祇園精舎）

中世前期の資料

この時代の特徴的なものとして、「₁₂_____」があります。「₁₂_____

第 12 講　武士の時代へ（中世前期）　55

　　　　』は、もともと平仮名であったものを漢文に変えたもので『₁₃
　　　　　』等があります。

　中世以降、和文は中古の文章を規範としていくのですが、その時代のことばを取り入れたものも見いだせます。たとえば、中世前期の日記には漢語や中世語（「いしい」「肝をつぶす」等）を用いた『₁₄　　　　』（1313（正和2）年以前）や『₁₅　　　　　』（1280–1292年の内容）、『₁₆　　　　　』（1246–1252年の内容）があります。

（2）　鞠はいしいものかな。　　　　　　　　　（弁内侍日記）

仏教関係の資料

　中世前期の鎌倉新仏教の資料として、浄土真宗の開祖である「₁₇　　　　」（1173–1262年）、法華宗（日蓮宗）の開祖である「₁₈　　　　」（1222–1282年）関係のものがあります。たとえば、親鸞『₁₉　　　　　』（1257（康元2、正嘉元）年）等は、口語資料の少ない鎌倉時代語研究において重要な資料となっています。

　その他、「₂₀　　　」（1173–1232年）の資料『₂₁　　　　』（1235（文暦2、嘉禎元）年）、『₂₂　　　　　　』（1229（安貞3、寛喜元）年）も口語的要素を含んだものとして言語量もあり貴重です。

平仮名と片仮名

　院政期から中世前期には、歌論が和文体で書かれるようになり、『₂₃　　　　　』（藤原公任、966–1041年）は歌も説明も平仮名で書かれています。

　また、片仮名は漢籍仏典を訓読する時に、読み方を注記するのに使った補助符号的なものであったのですが、この期に入ると、独立した文字として使われるようになります。例として『₂₄　　　』等のように片仮名を主に使ったものが現われます。

解説

『とはずがたり』
鎌倉後期。後深草院二条作の日記。作者の波瀾に富んだ一生を描いています。

『中務内侍日記』
鎌倉後期。伏見院中務内侍（藤原経子）の日記。身辺や宮廷生活を、和歌・古文を引用し書いています。

『弁内侍日記』
鎌倉中期。弁内侍作の日記。宮中の行事、生活等を和歌を交えて書いています。

訳
(2) 鞠はいいものですね。

解説

明恵
1173–1232年、鎌倉初期の華厳宗の学僧。1206（建永元）年後鳥羽上皇から栂尾の地を賜わり、古寺を復興して高山寺と名づけ、華厳宗興隆の道場としました。

『方丈記』

『方丈記』は内容から広本と略本とに大別され、広本系の最古は大福光寺本（鴨長明自筆か）です。内容は仏教思想の色濃い随筆集で、慶滋保胤の『〔25　　　　〕』を手本にしているといわれています。『〔26　　　　〕』（兼好法師）とともに中世随筆の双璧です。

方丈記〈大福光寺本〉

定家仮名遣い

中世前期にはハ行転呼音、「お」と「を」、「い」と「ゐ」、「え」と「ゑ」の音の合一等により、これらの音に対する表記が混乱するようになります。多くの中古の和文資料を写した「〔27　　　　〕」（1162–1241年）は、彼が接した写本の仮名遣いが混乱していることに気がつき、整理します。歌論書『〔28　　　　〕』（1217（建保5）年）の中では、「を」「お」、「い」「ひ」「ゐ」、「え」「ゑ」「へ」の三類八字について、その用い方が実例で示されています。

〈参照〉
ハ行転呼音＝第25講。

第13講 狂言・抄物・キリシタン資料（中世後期）

中世後期の文化

中世後期は「₁____」「₂____」「₃____」「₄____」等、今日の日本文化を代表するもののルーツが誕生した時期でもあります。そのいずれもが、何らかの形で中古以来の伝統的美意識に、武士・町民層や地方の文化が作用し、まじり合ったところに生じたものです。中でも「₂____」は室町時代の名もなき下級武士、町民、僧侶等を主人公とした滑稽な対話劇で、そのことばは室町時代の口頭語が基盤となっています。

狂言

狂言は、中世後期に能とともに形成された滑稽な芝居です。能が悲劇的な歌舞劇なのに対し、狂言は喜劇的なセリフ劇（即興劇）です。今日に伝わる古いものは、16世紀末成立と見られる『₅____』がありますが、ほとんど筋立てであり、本格的なものは大蔵弥右衛門虎明（1597–1662年）による『₆____』が最初です。

奈良絵本・節用集

中世後期には大名や上流町人の子女のために、子供向けのおとぎ話に絵をつけた「₇____」（後に出版され、「御伽草子」とよばれる）や、「₈____」をはじめとする漢字辞書が多くつくられました。

抄物

中世前期に成立した五山とよばれる禅宗寺院では、漢文学が盛んになり、中世後期には五山の僧や博士家の学者を中心に講義もおこなわれま

解説

節用集
語彙の漢字表記と読み方を示した辞書。近世では、節用集といえば辞書の代名詞のようなものでした。基本的には文を書く時に語をどのように書くか調べるためのものです。

博士家（はかせけ）
大学寮等で学生を指導し試験する教官を博士といい、古代から中世にかけて家伝の学術等をもって世襲的に朝廷に仕えた諸家のことを「博士家」といいます。清原家等。

した。その講義録は「9_____」とよばれ、講義の口調までもいきいきと写し取っているものであり、中世後期の口語を知る資料となっています。

この抄物には「10_____」と「11_____」があり、「10_____」は講義の際の草案、「11_____」は受講者の筆記を整理したもので、講義口調で書かれています。資料としては『12_____』『13_____』『14_____』『15_____』『16_____』等があります。

① 『12_____』（1477（文明9）年）桃源瑞仙抄

司馬遷著『17_____』の注釈書です。牧中梵祐の講義を桃源瑞仙が筆録していた部分と、その欠けている部分を桃源瑞仙が成した部分があります。口語資料としての価値はとても高いとされています。

② 『18_____』（1543（天文12）年）笑雲清三編

中世の禅林でよく親しまれていた蘇東坡の詩についての四種の注釈書です。全25巻（写本50冊、古活字版100冊）で、現存する抄物の中で最も大部なものです。

東国抄物

抄物には曹洞宗の僧が仏典を注釈したものもあり、「19_____」「20_____」とよばれます。資料としては『21_____』等があります。これは中世末から近世前期の「22_____」を知る重要な資料です。

たとえば、関西系の抄物には断定の助動詞「23_____」が用いられていますが、東国抄物は「24_____」によって書かれています。ハ行四段動詞ウ音便形等、関西の影響もありますが、東国語の資料として貴重な存在です。

外国資料―キリシタン資料

1549（天文18）年、宣教師フランシスコ・ザビエル（シャビエル）が

> **解説**
> 宣教師の仕事は布教であり、説教すること・罪の告白を聞くことです。それには、相当の日本語能力が必要であったと思われます。その日本語を学ぶために、辞書・語学書・文学書が必要だったのです。

来日後、イエズス会の宣教師が多数来日します。以後、約80年の間に「25_____」資料とよばれる教義書、語学書、文学書が日本や国外で多数出版されます。

代表的なものに、『26_____』、「27_____」『28_____』、文学書『29_____』『30_____』があります。

キリシタン資料

キリシタン資料の内容・形態は多様です。言語として日本語で書かれたものもあれば、ラテン語・ポルトガル語・スペイン語等の外国語で書かれたものもあります。また、文字はローマ字本・国字本、文体は文語文・口語文が見られます。

① 『26_____』（1603–1604年）：ローマ字書きの日本語の見出し語に、ポルトガル語の語釈やローマ字書きの例文をつけた辞書です。語彙数は32,798語です。

② 『28_____』（1604–1608年）：ジョアン・「27_____」（1561–1634年）によるラテン文典を下敷きとした、大部の語学書です。文法はもちろん、文章の作法、官職名、国名、方言等とさまざまなことが記されています。

③ 『29_____』（1592（天正20）年）：『平家物語』を不干ハビヤンが、当時のことばに訳したものです。

④ 『30_____』（1593（文禄元）年）は、イソップ物語の翻訳です。

⑤ 『31_____』（1632（寛永9）年）：ディエゴ・コリヤード（1589頃–1641年）が日本人のキリシタン宗徒の懺悔を記録したものです。日本語による赤裸々な罪の告白が見られます。

キリシタン資料は、日本語の部分がローマ字で書かれているものがあるので、その当時の音を知ることができます。たとえば、『[28]　　』では、

(1) Xe（シェ）の音節はささやくやうに Se（セ）、又は ce（セ）に発音される。例へば、Xecai（世界）の代りに Cecai（せかい）といひ、Saxeraruru（さしぇらるる）の代りに Saseraruru（させらるる）といふ。この発音をするので、'関東'（Quantô）のものは甚だ有名である。

とあり、「せ」の発音が京都では「シェ」[çe]、関東では「セ」[se]だったことがわかります。

▶注
土井忠生訳（1955）『ロドリゲス日本大文典』三省堂

天草版平家物語

外国資料―朝鮮資料『捷解新語』

少し時代は下るのですが、近い時期の他の外国資料として『[32]　　』があります。これは朝鮮において日本語通訳養成のために使われた日本語教科書です。原刊本が1676（延宝4）年、改修本が1748（延享5、寛延元）年、重刊本が1781（安永10、天明元）年と改編を重ねながら刊行されています。

濱田敦（1970）『朝鮮資料における日本語研究』岩波書店

第14講　モジモジことば

中世の語彙

中世は、漢語の一般化・日常化、「₁_____」「₂_____」等の位相語、外来語「₃_____・₄_____」語が用いられるようになります。

「₁_____」は宮中で働く女房たちのことばです。一種の隠語・集団語であり、現代ならデパートや若者、そして放送業界等の特殊なことばと同様のものと考えられます。

女房ことば

女房ことばの特徴をまとめてみましょう。

① 接頭辞「₅___」や語尾に「₆_____」をつけたり、省略したりすることがある。

　（1）「₅___」の付加（＋省略）

　　　みやげ（土産）→おみや　でんがく（田楽）→おでん

　（2）「₆_____」の付加（＋省略）

　　　かみ（髪）→かもじ　しんぱい（心配）→しんもじ

　　　すし（鮨）→すもじ　そなた→そもじ

　　　お目にかかる→おめもじ

　（3）省略のみ

　　　たけのこ（筍）→たけ　まつたけ（松茸）→まつ

　　　まんじゅう（饅頭）→まん　ごぼう（牛蒡）→ごん

② 連想したことばに「₇_____」をつける。

　菜→青もの　しお→白もの　月経→月のもの　うどん→お長もの

③ 「₈___」「₉____」等の特徴を捉える（また、そのことばを重ね

解　説

女房（にょうぼう）

朝廷に仕える女官でひとり住みの部屋を与えられていた人、また院や公家、武家等に仕える女性。「房」は部屋の意味で、女官の部屋をいいます。

隠語・集団語

特定の社会や集団だけで通用することば。仲間以外には意味がわからない、またお互いが仲間であることを認め合う目的で使用するといわれています。室町時代には盗賊仲間、そして江戸時代には操り人形師の使う隠語があったといわれています。現代の流行語にも、隠語・集団語を由来とすることばが多くあります。

る)。

みず→おひや あずき→あか いわし→むらさき 豆腐→かべ・おかべ

あずき→あかあか 数の子→かずかず するめ→するする

女房ことばはなぜ使われたのでしょうか。次のようなことが考えられます。

1. 食べる物は庶民と同じ物を口にすることがある。でも、庶民と同じようによぶのは抵抗がある。

2. 宮中の女房たちは上の位の人も下の位の人も一緒に働くことがあった。そうすると共通のことばが必要となる。また、訛りの矯正でもあった。

▶注
小林千草(2007)『女ことばはどこへ消えたか?』光文社、杉本つとむ(1997)『女とことば今昔』雄山閣出版、等参照。

女房ことばが現われる資料

女房ことばは、古くは『10_____』『11_____』に見られます。『10_____』には以下のような言及があり、「女房ことば」を「異名」と捉えています。

（4） 内裏仙洞ニハ一切ノ食物ニ異名ヲ付テ被召事也。一向不存知者当座ニ迷惑スベキ者哉。飯ヲ供御。酒ハ九献。餅ハカチン。味噌ヲハムシ。塩ハシロモノ。豆腐ハカベ。索麺ハホソモノ。松蕈ハマツ。鯉ハコモジ。鮒ハフモジ。(中略)近比ハ将軍家ニモ。女房達皆異名ヲ申スト云々。

解説
『海人藻芥』(あまのもくず)
1420（応永27）年。僧正・恵命院宣守著の故実書。鎌倉中期から室町初期にわたって伝承されてきたことをまとめています。

『大上臈御名之事』(おおじょうろうおんなのこと)
15世紀。故実書。上臈たちの名前や女房ことばが記されています。「大上臈」とは宮廷・摂関家に仕える女房のことをいいます。

次に、『11_____』では「女房ことば」という項目が設けられています。この『11_____』には百数語の女房ことばが示されています。

（5） 女房ことば。

一 いひ。御だいくご。おなか。だいりには。いひにかぎらず。そなふるものをくごといふ。

一 しる。御しる。しるのしたりのみそをかうの水といふ。

一 さい。御まはり。(中略) 一 こい。こもじ。

一　ゑび。かゞみ物。　　　一　すし。すもじ。

そして、内裏の清涼殿の御湯殿に奉仕する女官が交代でつけた日記『12_____』や、キリシタン資料である『13_____』にも女房ことばが見られます。この『13_____』では女房ことばを「婦人語」として以下のように掲載しています。

（6）　Comoji.　コモジ（小文字）小麦。これは婦人語である。
　　　Fimoji.　ヒモジ（ひ文字）空腹である。これは婦人語である。
　　　Nimoji.　ニモジ（に文字）にんにく。婦人語。
　　　Qiamojina. l, Qiaxa　キャモジナ。または、キャシャ（花文字な。または花奢）つややかで、こざっぱりして、はなやいだ（こと）。これは婦人語である。　　　（邦訳日葡辞書）

上記の「Fimoji（ひもじ）」の元の語は「ひだるし」であると考えられます。

この『13_____』の「婦人語」は、九州・四国・京都周辺の身分の高い婦人を信者として獲得することを目的とし、彼女たちが用いる語を理解するために収録されたと考えられます。

広がる女房ことば

宮中で生まれた女房ことばは、「14_____・15_____」から一般へと拡がっていきます。狂言の例をあげてみましょう。

（7）　主「汝は、あの滝のお冷しを、掬んで来いと云　シテ「何の事で御ざるぞと云　主「あの天下に隠れもない、滝のお冷しを知らぬかと云　シテ「滝の水の事で御ざるかと云　主「人が聞くに、卑しい事をぬかす、お冷しと云物じやと云　シテ「浮世に、水とは聞いて御ざるが、お冷しとは、今初て聞まらしたと云　主「おのれが、卑しい奴じやによつて、お冷しと云事を知らぬは　シテ「上つ方の、華奢な、女房達のおしやるは存ぬが、こなたの大きい口から、お冷しの、掬んで

解説

『御湯殿上日記』
天皇の側近に奉仕する歴代の女房たちによる日記。1477（文明9）年から1826（文政9）年まで約350年分が記録されています。

〈参照〉
『日葡辞書』＝第13講。

解説

ひだるし
「空腹である、飢えてひもじい」という意味。例「ある時、情ある人のもと、愛敬の餅を五つ、いかにひだるかるらんとて得させければ」（どんなにか、ひもじかろうというので（餅を）与えたところが）「ものくさ太郎」『室町物語草子集』

　　　　の、人が笑と云て笑　　　　　　　　　（狂言六義、お冷）

女房ことばは、「_16_____」「_17_____」「_18_____」（戦前まで旧華族「公家ことば」）ともよばれています。

> **解　説**
>
> 『狂言六義』
> 寛永年間（1624–1644年）頃に書写された和泉流の狂言。現在は天理図書館に所蔵されているため天理本ともよばれます。

近世の女房ことば

当時の女性が身につけるべき知識、教養を列挙、解説した書である『_19_____』では、次のように女性は女房ことばを使用することが勧められています。

（8）　女のことばはかた言まじりにやはらかなるこそよけれ（中略）
　　　よろづの詞におともじとをつけてやはらかなるべし
　　　むまいといふを　いしい
　　　みやげを　おみや

> 『女重宝記』
> 近世前期に編集・刊行された代表的な女子用の手本。

武者ことば

「_2_____」は武士が用いることばです。

（9）　山田次郎がはなつ矢に、畠山、馬の額を箆深に射させて
　　　　　　　　　　　　　　　　　（平家物語、宇治川先陣）

このように弓で「_20_____」（受身）ことを「_21_____」（使役）と表現したり、漢語を多用したり、また忌みことばを用いたりします。忌みことばとして現代語では「結婚式をおひらきにする」のように終えることを「おひらき」といいますが、武者ことばでは戦において「退く」のことばを嫌い「ひらく」と表現しています。

> ただし、「射られる」ことを「射させる」と表現することが武者ことばといえるかどうかについては、異論もあります。
>
> 忌みことば
> 宗教上の理由で、または縁起をかつぐために、使用を避けることばのこと。

外来語

外来語は、16世紀半ば以降、キリスト教宣教師や商人の来日により一部用いられるようになりました。「_3_____」語由来のもの「コンペイトウ・シャボン・ボタン・タバコ・カッパ」等、「_4_____」語由来のもの「メリヤス」等が入ってきました。

第15講 庶民の文化、栄える（近世）

時代背景

江戸幕府が開かれた17世紀初め（1603（慶長8）年）から大政奉還（1867（慶応3）年）までを近世とします。近世は【 1　　　　　　　 】頃をもって、前期と後期に分けられます。それぞれの特徴をまとめておきます。

近世前期	大坂（今は大阪：上方ともよぶ）の経済的な発展に支えられて、元禄年間（1688–1704年）を中心に「2　　　　」が隆盛。井原西鶴の「3　　　　」、「4　　　　」の人形浄瑠璃、「5　　　　」の俳句等
近世後期	経済の中心が江戸に移り、明和年間（1764–1771年）頃を境に、文化面においても「6　　　　」を占めるようになる。「7　　　・8　　　・9　　　」等のさまざまなジャンルの出版がなされる。

江戸幕府は大名に対し子女を人質として江戸に住まわせ、定期的に参勤交代を課すことで各藩の財政に圧迫を加える等、苛烈な策によって、大名への支配力を保持します。そして士農工商とよばれる身分制度を徹底し、社会階層を固定化していきます。

また、中国・オランダを除いて一切の外国船の来航を禁止、また日本人の渡航も禁止する等、一連の鎖国政策もおこないました。

以上のような封建支配体制により日本全土が安定し、260年あまり、かつてない平和な時代が訪れます。

そして、この間に「10　　　　　」を中心に庶民教育が行きわたり、流通経済が高度に発達するとともに、製版技術の向上により、出版活動が盛んになります。

これらの条件により、さまざまな制度的圧政をかいくぐって、町人文

化が発達します。

近世初期の上方の資料

　近世前期の中でも初期は、資料が多くはありません。その中でも、当時の短編の笑話を集めて出版した咄本（はなしぼん）『[11]　　　　』『[12]　　　　』等があります。他に、安原貞室の『[13]　　　　』は京都における児童の卑俗な訛語をいましめる書なのですが、規範性のゆるんだ当時の市井の言語実態を伝えるものとして注目されます。

近世前期

　江戸は小規模な村落のうえにつくられた、一種の人工都市であったため、当初は経済的に貧弱でした。それに対し大坂は社会の安定に伴い、米相場を中心に流通経済が活況を呈します。江戸への食料の供給元となったこともあり「[14]　　　　　　」とよばれていました。

　そして、出版・演劇等が大いに発達します。この頃の作品としては、当時の勢いを得た上方町人の生活・気質を反映した傑作が多く、その代表として、井原西鶴の『[15]　　　　』『[16]　　　　』等があげられます。これらは庶民の生活を、俗語を多く交えた「雅俗折衷体」とよばれる文体で大胆に描いており、「[3]　　　　」とよばれます。

　演劇としては、「[4]　　　　　　」の人形浄瑠璃があげられます。庶民を描いた「[17]　　　」物の『[18]　　　　』『[19]　　　　』等、そして過去のヒーローを描く「[20]　　　」物の『[21]　　　　』等があります。特に「[17]　　　」物は、当時の口語（上方のことば）を反映しているとされ、話しことばの好資料として扱われています。

近松門左衛門の人形浄瑠璃『曽根崎心中』

　『曽根崎心中』は、1703（元禄16）年4月7日早朝に大坂堂島新地天

解説

『醒睡笑』
1623（元和9）年成立。安楽庵策伝作の咄本。八巻から成ります。中世末期から近世初期に、お伽衆によって語られていた笑話を中心とした一大笑話集です。当時の社会や時代風潮を反映した話が多く、後代の落語や咄本等に大きな影響を与えました。

『きのふはけふの物語』
江戸初期の咄本。作者未詳。二巻から成ります。軽妙な笑話、武将の逸話等が見られます。

『かたこと』
1650（慶安3）年刊。安原貞室著。安原貞室の子供が話すことばを改めるために著した書物です。正しい語形を示し、その次に京都の方言・俗語・訛語等をあげています。

▶注

坂梨隆三（1987）『江戸時代の国語　上方語』東京堂出版。「当時の日常の話しことばという観点から見れば、芭蕉のことばはそれからもっとも遠く、西鶴がそれに次ぎ、近松はそれに最も近いことばを用いたといってよいだろう」と述べられています。

満屋の女郎はつ（21歳）と内本町醤油商平野屋の手代である徳兵衛（25歳）が梅田・曽根崎の露天神の森で情死した事件に基づいています。『曽根崎心中』の有名な道行を紹介しましょう。

（1）　この世のなごり、夜もなごり。死にに行く身をたとふれば、あだしが原の道の霜。一足づゝに消えてゆく。夢の夢こそあはれなれ。

そして当時の話しことばをうかがわせる場面として、（2）があります。

（2）　「（なかなか会えなかった徳兵衛に対し、お初）在所へ行かんしたと言へども、つんとまことにならず。ほんにまたあんまりな。わしはどうならうとも、聞きたうもないかいの。こな様それでも済もぞいの。わしは病になるわいの。」

なんだか、いきいきと感じられますね。

解説
道行
浄瑠璃におけるこの道行とは、死に場所へと向かう男女の心情・叙景を表現した場面であり、特に心中物の舞台の主要な要素です。

訳
(2) 田舎へ行かれたとは言うけれど、とんと本当とは思えない。本当にもう、あんまりよ。私がどうなっても聞きたくもないの？あなたはそれで済むのでしょうが、私は病気になっちゃうわ。

近世前期の東国資料

この時期の東国資料はごく限られたものしかありません。

『₂₂　　　　』は著者未詳で、1657–1683年の間に成立したとされています。内容は雑兵たちの戦闘に際しての心得を述べた書であり、東国出身の雑兵同士の会話の形で書かれています。助動詞「₂₃　　　」（助動詞「べし」の連体形「べき」の音便形）、否定「₂₄　　　」、断定「₂₅　　」等の東国語の反映が見られます。

『₂₆　　　　』は大久保彦左衛門忠教（ただたか）著であり、徳川家の来歴と大久保家の武功を、子孫への訓戒とするために記した書です。著者が三河出身であるため東国語的特徴が見られ、自筆本が存在するということもあり、貴重な資料となっています。文語体で書かれていますが、覚え書き風のものであって口語的要素も認められます。

近世後期

この時期には、江戸が政治・経済の面において名実ともに中央として

実力を得た時代です。文化的な面で前期は上方の影響を強く受けていましたが、後期に入ると独自の文化的個性を発揮するようになります。

そして、町人の生活に取材した読み物類として、「9_____」「27_____」「28_____」「7_____」「8_____」等とよばれるさまざまな様式の出版物が売り出されました。

① 「9_____」：江戸中期から後期にかけて、遊里の内部や遊女・遊客の言動を、会話を主にして写実的に描いた遊里文学。夢中散人寝言先生（ねごとせんせい）『辰巳之園』、山東京伝『傾城買四十八手』等。

② 「27_____」：江戸後期の草双紙の一種で、絵を主として余白に文章をつづった大人向きの絵物語。表紙が黄色であったところから。

③ 「28_____」：江戸後期の草双紙の一種で、敵討・教訓等、子女だけでなく大人の読み物としても歓迎された絵画娯楽小説。

④ 「7_____」：江戸後期の小説の一種であり、江戸の町人の日常生活を取材し、主として会話を通じて人物の言動の滑稽さを描いている。十返舎一九『東海道中膝栗毛』、式亭三馬『29_____』『浮世床』等。

⑤ 「8_____」：江戸後期から近代初期までの、町人の恋愛・人情の葛藤等を描いた小説の一種。為永春水『春色梅児誉美』等。

これらの読み物の登場人物のセリフには、上方語とは異なる江戸語の特徴がはっきりと現われるようになり、特に式亭三馬の「7_____」『29_____』は、江戸の銭湯を訪れるさまざまな階層の男女の会話を活写しています。その他、曲亭馬琴は漢文訓読調の強い文体で壮大なドラマを描いた「30____」本『31_____』を、また上方の「32_____」は国学の研究を残す一方で『33_____』等の擬古文的な小説を書いています。

> **解説**
>
> **草双紙**
> 江戸時代に出版された挿絵入りの仮名書き小説。
>
> **擬古文（ぎこぶん）**
> 江戸中期から明治にかけて、特に中古の和歌や文章にならい、その語彙・語法を用いてつくった文体の一種。

第16講 「こんにった」「ねぶっと」

連声

日本語は長く中国語からの影響を受けてきました。その一つの例として連声があります。

連声とは音節末（韻尾）が -m、-n、-t の漢字音に「_1___」・「_2___」・「_3___」行の音が接続する時、その音が「_4___」・「_5___」・「_6___」行で発音されるようになることをいいます。例を見てみましょう。

（1）　三位：さん sam ＋い i ＝「_7_____」sammi
（2）　因縁：いん in ＋えん en ＝「_8_____」innen
（3）　雪隠：せっ set ＋いん in ＝「_9_____」settin

連声は少なくとも【_10_____】以前に発生したと考えられています。現在見つかっている最古の例は、『倭名類聚抄』の「浸淫瘡」を「心美佐宇（しむ・み・さう）」（「浸」の -m 韻尾が次に来る -i に響いて -mi- となる）と記しているものです。

また、韻尾が -m の語（三・梵・厳・陰）の場合は「さんみ（三位）」のように「_4___」行、韻尾が -n の語（安・観・因）の場合は「いんねん（因縁）」のように「_5___」行となりますが、これは現代語と違い、-m と -n の音を区別していた時代に連声が起こっていたことを表わしています。つまり【_10_____】以前にさかのぼる現象であると考えられます。

連声は、主として漢語内部で起こりましたが、室町期には、「_11_____」konnit-ta（今日は）、「_12_____」nenbut-to（念仏を）というように -n や -t で終わる漢語の後に助詞「_13___」「_14___」が続いた場合にも見られるようになります。

解説

韻尾
日本語の音節は基本的に「子音＋母音」で構成されますが、中国語の音節は「頭子音＋母音＋韻尾」で構成されます。「三」は韻尾が「m」、「雪」は韻尾が「t」です。

『倭名類聚抄』
934（承平4）年成立。源順著。漢字・漢語による物の名前や事項を意義分類によって排列した辞書。

浸淫瘡
かさぶたの一種。

ワークブック　日本語の歴史　解答集

▶第1講
1. 上代　2. 中古　3. 中世　4. 近世　5. 近代　6. 現代　7. 古代　8. 文字資料　9. 話しことば　10. 書きことば　11. 万葉集　12. 古事記　13. 日本書紀　14. 歌謡　15. 記紀歌謡　16. 論語　17. 千字文　18. 釈日本紀

▶第2講
1. 古事記　2. 日本書紀　3. 万葉集　4. 和化漢文（変体漢文）　5. 万葉仮名文　6. 歌謡　7. 和歌　8. 助詞　9. 助動詞　10. 用言の語尾　11. 歌のほぼすべての音節　12. イ　13. ウ　14. 東国語的な　15. 新訳華厳経音義私記　16. 新撰字鏡

▶第3講
1. 万葉仮名　2. 音仮名　3. 訓仮名　4. 訓　5. キ　6. ヒ　7. ミ　8. ケ　9. ヘ　10. メ　11. コ　12. ソ　13. ト　14. ノ　15. モ　16. ロ　17. ヨ　18. 甲　19. 乙　20. 上代特殊仮名遣い　21. 伎　22. 枳　23. 企　24. 紀　25. 奇　26. 古事記　27. 古事記伝　28. 仮名遣奥山路　29. 橋本進吉　30. 連綿（続け書き）　31. 草体（崩し書き）　32. 平仮名　33. 安　34. 以　35. 宇　36. 衣　37. 於　38. かんな　39. 中世末　40. 片仮名　41. 阿　42. 伊　43. 江　44. かた（片）　45. かたかんな　46. 平安　47. 宣命書き

▶第4講
1. 拗音　2. 撥音　3. 促音　4. 長音　5. ア　6. 音便　7. ラ　8. 濁音　9. るつぼ　10. がら　11. ごみ　12. どぶ　13. げじ虫　14. 母音融合　15. あり　16. 子音挿入　17. 母音脱落　18. 1音節　19. 接頭語　20. 接尾語　21. 同音衝突　22. 複合語　23. さけ　24. さか　25. 露出形　26. 被覆形　27. かな　28. かん　29. つく　30. こ　31. ～i　32. ～e　33. ～a　34. ～o　35. ～u　36. i　37. おきな　38. をぐな　39. おみな　40. をみな　41. 甲　42. 乙　43. ウ　44. 2　45. ア　46. 母音調和　47. アルタイ諸言語

▶第5講
1. 初期　2. 中期　3. 後期　4. 末期　5. 片仮名宣命体　6. 東大寺諷誦文稿　7. 片仮名　8. 和歌　9. 日記　10. 物語　11. 枕草子　12. 源氏物語　13. 和文　14. 自筆　15. 異同　16. 藤原為家　17. 藤原定家　18. 更級日記　19. 栄華物語　20. 今昔物語集　21. 和漢混淆文　22. 鈴鹿本　23. 近世　24. 天竺　25. 震旦

▶第6講
1. 凌雲集　2. 文華秀麗集　3. 経国集　4. 六国史　5. 御堂関白記　6. 和化漢文（変体漢文）　7. 敬語　8. 7　9. 南都（奈良）　10. 片仮名　11. ヲコト点　12. 訓点　13. 華厳経刊定記　14. 白墨　15. 朱墨　16. 墨　17. 白点　18. 仏典　19. 漢籍　20. 国書　21. 金光明最勝王経　22. 地蔵十輪経　23. 大慈恩寺三蔵法師伝古点　24. 補読　25. は　26. に　27. し　28. を　29. さむが　30. と　31. フ　32. く　33. して　34. の　35. なむ

▶第7講
1. 天暦（947–956年）　2. あめつち　3. ア行　4. ヤ行　5. 口遊　6. 大為爾　7. ヤ行の「エ」　8. いろは　9. 金光明最勝王経音義　10. 孔雀経音義　11. ナ行　12. カサタヤマハワラ　13. イオアエウ　14. 弘法大師　15. 吉備真備　16. 脱落　17. 音便　18. イ　19. ふさいで　20. ウ　21. いもうと　22. 促　23. 持って　24. 撥　25. 母音連続　26. 促音　27. 撥音

▶第8講
1. ごとし　2. やうなり　3. すこぶる　4. はなはだ　5. いみじく　6. いたく　7. いと　8. あらかじめ　9. かねて　10. まなこ　11. め　12. 訓読特有語　13. 和文特有語　14. 竹取物語　15. 源氏物語　16. 仏典　17. 漢籍　18. しかるに　19. 土左日記　20. いはく　21. しかれども　22. 白　23. 黒　24. 赤　25. 青　26. 副詞　27. 紺青

▶ 第9講
1. 活用 2. 未然 3. 連用 4. 終止 5. 連体 6. 已然 7. 命令 8. か 9. き 10. く 11. け 12. り 13. ぬ 14. ぬる 15. ぬれ 16. みる 17. みれ 18. くる 19. くれ 20. きよ 21. ける 22. けれ 23. けよ 24. こ 25. せ 26. し 27. 強変化 28. 弱変化 29. 四段 30. ラ行変格 31. 存在 32. 上一段 33. 上二段 34. 下一段 35. 下二段 36. カ行変格 37. サ行変格 38. ナ行変格 39. から 40. かり 41. しく 42. しから 43. しかり 44. なり 45. に 46. たり 47. と 48. ク 49. シク 50. ナリ 51. タリ 52. 起く 53. 起くる 54. 中世前期 55. 二段 56. 一段 57. 中世後期 58. 近世 59. 音便 60. 五段 61. 東日本 62. 状態 63. 性質 64. 感情 65. 感覚 66. カリ 67. あり 68. 助動詞

▶ 第10講
1. アスペクト 2. モダリティ 3. 完成相 4. 動作 5. 変化 6. 完成 7. 結果・効力の継続 8. テンス 9. 過去 10. き 11. あり 12. 気づき 13. 四段 14. 已然 15. 命令 16. サ行変格 17. 未然 18. 甲 19. 鎌倉 20. たり 21. 状態性 22. た 23. 形式名詞 24. 複合動詞

▶ 第11講
1. ぞ 2. なむ 3. や 4. か 5. こそ 6. 連体形 7. 已然形 8. ける 9. はべる 10. めれ 11. 近き 12. ある 13. 強調 14. 疑問 15. 疑問詞 16. 和歌 17. 会話 18. 他との対照 19. 真偽 20. 上代 21. 中世 22. 主格 23. 属格 24. 院政・鎌倉 25. 接続助詞 26. 間投助詞 27. 格助詞 28. 中古 29. 名詞句 30. 準体句 31. 人 32. もの 33. 事柄 34. 室町 35. 江戸 36. 代名詞的 37. 詠嘆 38. 解説

▶ 第12講
1. 前期 2. 後期 3. 和漢混淆文 4. 今昔物語集 5. 保元物語 6. 平治物語 7. 平家物語 8. 琵琶 9. 延慶本 10. 語り本系 11. 読み本系 12. 真名本 13. 真名本伊勢物語 14. とはずがたり 15. 中務内侍日記 16. 弁内侍日記 17. 親鸞 18. 日蓮 19. 一念多念文意 20. 明恵 21. 却癈忘記 22. 光言句義釈聴集記 23. 新撰髄脳 24. 方丈記 25. 池亭記 26. 徒然草 27. 藤原定家 28. 下官集

▶ 第13講
1. 能 2. 狂言 3. 茶の湯 4. 立花(生け花の起源) 5. 天正狂言本 6. 大蔵虎明本狂言 7. 奈良絵本 8. 節用集 9. 抄物 10. 手控 11. 聞書 12. 史記抄 13. 毛詩抄 14. 蒙求抄 15. 日本書紀抄 16. 玉塵 17. 史記 18. 四河入海 19. 洞門抄物 20. 東国抄物 21. 人天眼目抄 22. 東国語 23. ぢゃ 24. だ 25. キリシタン 26. 日葡辞書 27. ロドリゲス 28. 日本大文典 29. 天草版平家物語 30. 天草版伊曽保物語(エソポのファブラス) 31. 懺悔録 32. 捷解新語

▶ 第14講
1. 女房ことば 2. 武者ことば 3. ポルトガル 4. スペイン 5. お 6. もじ 7. もの 8. 色 9. 性質 10. 海人藻芥 11. 大上臈御名之事 12. 御湯殿上日記 13. 日葡辞書 14. 将軍家 15. 大中小名 16. 御所ことば 17. 女中ことば 18. 大和ことば 19. 女重宝記 20. 射られる 21. 射させる

▶ 第15講
1. 宝暦(1751–1763年) 2. 上方文化 3. 浮世草子 4. 近松門左衛門 5. 松尾芭蕉 6. 江戸が優位 7. 滑稽本 8. 人情本 9. 洒落本 10. 寺子屋 11. 醒睡笑 12. きのふはけふの物語 13. かたこと 14. 天下の台所 15. 好色一代男 16. 世間胸算用 17. 世話 18. 曽根崎心中 19. 女殺油地獄 20. 時代 21. 国性爺合戦 22. 雑兵物語 23. べい 24. ない 25. だ 26. 三河物語 27. 黄表紙 28. 合巻 29. 浮世風呂 30. 読 31. 南総里見八犬伝 32. 上田秋成 33. 雨月物語

▶ 第16講
1. ア 2. ヤ 3. ワ 4. マ 5. ナ 6. タ 7. さんみ 8. いんねん 9. せっちん 10. 鎌倉中期 11. こんにった 12. ねんぶっと 13. は 14. を 15. 拗音 16. 開拗音 17. 合拗音 18. 鎌倉 19. 母音連続 20. 開 21. 合 22. 和字正濫鈔 23. あぶねー 24. おめー 25. おもしれー 26. ていねい 27. 武家 28. 町人 29. ぞんざい 30. 四つ仮名 31. じ 32. ぢ 33. ず 34. づ 35. 天草版伊曽保物語 36. nezumi 37. nezzumi 38. 日本大文典 39. かながき論語 40. 蜆縮涼鼓集

▶ 第17講
1. 中世後期 2. 近世 3. く(くる) 4. くる 5. くれ 6. きる 7. きれ 8. ける 9. けれ 10. 終止 11. 連体 12. 已然 13. 未然 14. 連用 15. 上二段 16. 下二段 17. 86 18. 59 19. 圧倒的に数が少ない 20. 中古 21. 下一段 22. 上一段 23. 上代 24. 武士 25. 女子 26. 対目下 27. 四段 28. 五段 29. ぬる 30. ぬれ 31. ぬ 32. ね 33. な 34. に 35. ナ行変格 36.

近世後期 37. 完了 38. たら 39. なら 40. 未然形＋ば 41. 中世後期 42. たらば 43. ならば 44. ば 45. 恒常条件 46. 仮定

▶第18講
1. 貴殿 2. 身ども 3. ございます 4. お〜なさる 5. おまえさん 6. わたくし 7. おれ 8. おら 9. おいら 10. わっち 11. おめえ 12. お〜さん 13. ありんす 14. ござんす 15. ざんす 16. おざんす 17. なんす 18. んす 19. 廓ことば 20. 遊里語 21. さとことば 22. さと訛り 23. ありんすことば 24. あります 25. あり 26. んす 27. 解体新書 28. 蘭学事始

▶第19講
1. 文語文法（国文法） 2. 契沖 3. 国学 4. 賀茂真淵 5. 本居宣長 6. 富士谷成章 7. 本居春庭 8. 鈴木朖 9. 万葉代匠記 10. 和字正濫鈔 11. 古事記伝 12. 源氏物語玉の小櫛 13. てにをは紐鏡 14. 詞の玉緒 15. かざし抄 16. あゆひ抄 17. かざし 18. あゆひ 19. 詞の八衢 20. 体ノ詞 21. 形状ノ詞 22. 作用ノ詞 23. テニヲハ 24. 言語四種論 25. 活語断続譜 26. 御国詞活用抄 27. 友鏡 28. 活語指南

▶第20講
1. 昔夢会筆記 2. 旧事諮問録 3. 牛店雑談安愚楽鍋 4. 当世書生気質 5. 真景累ヶ淵 6. 怪談牡丹灯籠 7. 仮名垣魯文 8. 坪内逍遙 9. 僕 10. 吾輩（我輩） 11. 君 12. たまえ 13. べし 14. 蠟管 15. 平円盤SPレコード 16. 1900 17. 16 18. ポルトガル 19. ca qi cu qe co 20. オランダ 21. 羅馬字会 22. ヘボン 23. 日本式 24. 訓令式 25. 標準式（改正ヘボン式）

▶第21講
1. 書生 2. 僕 3. 吾輩、我輩 4. しもべ 5. 君 6. 呼び捨て 7. くん 8. たまえ 9. べし 10. 失敬 11. 漢語 12. 外来語 13. てよだわ 14. 山の手 15. 下層 16. 芸者 17. 低い 18. 女学校 19. 明治20 20. 明治40 21. 漢字御廃止之儀 22. 明治30 23. 大正10 24. 明治36・37 25. 国定教科書 26. である 27. だ 28. です 29. であります 30. 白樺派 31. 新現実派 32. 〜するところの 33. 〜するにはあまりに〜である 34. 〜するのに十分である 35. 非情物ニ 36. 有情物ニ 37. 非情物名詞句 38. 所有 39. 抽象的性質 40. have

▶第22講
1. 漢語 2. 和製漢語 3. 新漢語 4. 理系 5. 蘭学 6. 文系 7. 借用 8. 古典語 9. 奪って 10. 急激にかえる 11. 学問 12. 教育 13. 芸術 14. 道徳 15. 宗教 16. 中村正直 17. 西周 18. 漢学 19. 方言差 20. 布告文 21. 官令 22. 政治的権威 23. 漢文 24. 童蒙必読漢語図解 25. 都鄙新聞 26. 英語 27. フランス 28. ドイツ 29. イタリア 30. 旧制高等学校 31. 最下位の成績 32. 落第 33. 美人 34. 芸者 35. 飲酒 36. イギリス 37. パリ 38. ローマ 39. シェークスピア 40. シガー 41. ガス 42. ビール 43. トランプ 44. セメント 45. 日常的 46. 専門的 47. オランダ 48. カリホルニヤ 49. コロンブス

▶第23講
1. 現代 2. テレビ 3. 新聞 4. 週刊誌 5. マスメディア 6. 教育 7. 高等学校 8. 大学 9. パソコン 10. 携帯電話 11. 電子メール 12. ガ行鼻濁音 13. 平板アクセント 14. じゃん 15. ちがくて 16. ちがかった 17. 10 18. 31 19. アフターサービス 20. オフィスレディー 21. 和製外来語 22. 表音表記 23. 現代仮名遣い 24. 小書き 25. を 26. は 27. う 28. ほ 29. こおり 30. こほり 31. お 32. じ 33. ず 34. ちぢむ 35. はなぢ 36. たけづつ 37. 書かれる 38. 書ける 39. 起きられる 40. 起きれる 41. 食べられる 42. 食べれる 43. 来られる 44. 来れる 45. （ら）れる 46. 上一段 47. 下一段 48. カ行変格 49. ら抜きことば 50. 中世 51. 近世 52. 昭和 53. 自発 54. 受身 55. 尊敬 56. 可能 57. 食べさせる 58. 食べさせていただく 59. 書かせる 60. 書かせていただく 61. 書かさせていただく 62. 五段動詞 63. 助動詞 64. 書けれる 65. 一段動詞 66. れる 67. 見れれる 68. 過剰修正

▶第24講
1. ジョアン・ロドリゲス 2. 日本大文典 3. 都 4. 粗野であり欠陥である 5. 有害 6. 避ける 7. ぬ 8. ない 9. ウ 10. 促 11. シェ 12. セ 13. 寛永 14. 武家 15. 宝暦 16. 明和 17. 下層 18. 文化 19. 文政 20. 浮世風呂 21. 浜荻 22. 尾張方言 23. 御国通辞 24. 物類称呼 25. 心学道話 26. 国語調査委員会 27. 教養層 28. 口語法 29. 口語法別記 30. 大槻文彦 31. 賤しい 32. 教育ある 33. 国定教科書 34. ラジオ放送 35. 方言撲滅運動

▶第25講
1. 上代特殊仮名遣い 2. 古 3. 故 4. 許 5. 已 6. 万

葉仮名 7. キ 8. ヒ 9. ミ 10. ケ 11. ヘ 12. メ 13. コ 14. ソ 15. ト 16. ノ 17. モ 18. ヨ 19. ロ 20. 新撰字鏡 21. ア 22. エ 23. ヤ 24. オ 25. ヲ 26. 10 27. 榎の枝を 28. uo 29. ye 30. kŏ 31. kô 32. 開音 33. 合音 34. 近世 35. オ列長音 36. シェ 37. 破擦 38. チュンチュン 39. しうしう 40. xi 41. xe 42. 摩擦 43. ジェ 44. ティ 45. トゥ 46. チ 47. ツ 48. 鎌倉 49. 室町 50. chi 51. tçu 52. 破裂 53. パ 54. ファ 55. フィ 56. フ 57. ハ 58. ヒ 59. カタカタ 60. ガタガタ 61. サラサラ 62. ザラザラ 63. パチパチ 64. バチバチ 65. ハ行転呼 66. 両唇 67. 音曲玉淵集 68. 改修捷解新語

▶第26講
1. 茶 2. 象牙 3. 菊 4. 竹 5. 白雲 6. 白露 7. 女餓鬼 8. 男餓鬼 9. 漢詩文 10. 仏教 11. 12 12. 官名 13. 職名 14. 制度 15. 行事名 16. 半数 17. 和製漢語 18. 重箱 19. 湯桶 20. 上代 21. おほね 22. かへりごと 23. ひのこと 24. 音便 25. 長母音 26. n 27. す 28. 念ず 29. 具す 30. 装束く 31. 接尾辞 32. 形容詞語尾 33. 形容詞 34. らうたし 35. 労 36. ずちなし 37. 手の打ちようがない 38. ズチ 39. 呉 40. らいはい 41. しゅぎょう 42. 漢 43. 漢籍 44. にょしょう 45. じょせい 46. ごんご 47. げんご 48. 唐 49. 中古 50. 慣用 51. しつ 52. さっ 53. もう 54. こう

▶第27講
1. だろう 2. ただろう 3. ているだろう 4. 過去 5. 現在 6. 分析的傾向 7. 推量 8. 打消 9. なんだ 10. なかった 11. 未然形＋ば 12. 已然形＋ば 13. たら 14. なら 15. ば 16. と 17. ので 18. 恋い慕ったら 19. 行ったら 20. 言うなら 21. 振り返ってみたら 22. 寒いので 23. 引っぱると 24. 論理性 25. 名詞 26. 動詞 27. 形容詞 28. 助詞 29. 助動詞 30. 接続詞 31. 文法化 32. 物 33. 恩恵 34. 存在動詞 35. アスペクト 36. へ 37. ようだ 38. はずだ 39. 座る 40. 存在する 41. 継続 42. の 43. とる 44. たる

▶第28講
1. 尊敬語 2. 謙譲語Ⅰ 3. 謙譲語Ⅱ 4. 丁寧語 5. 美化語 6. 素材 7. 対者 8. おそばにいる 9. です 10. ます 11. 参らす 12. さしあげる 13. 室町 14. 自敬表現 15. 謙譲語 16. 絶対 17. 相対 18. 敬意逓減の法則 19. やる 20. しゃる 21. なさる 22. きさま 23. 貴様 24. 19 25. ののしる 26. 上位 27. 対等

▶第29講
1. 発話行為 2. 命令 3. 聞き手の身分 4. ～給へ 5. ～させ給へ 6. 給へ 7. る・らる 8. ～たべ 9. ～くれ 10. 近代 11. ～てくれないか 12. ～てもらえないか 13. ～ていただきたい 14. 間接的 15. 戦後 16. 現代 17. 中古 18. 中世後期 19. 受益表現 20. 増加 21. 定型的 22. ～むや 23. ～べし 24. 否定疑問形 25. 連用形命令 26. なさる 27. なさい 28. な 29. 条件表現 30. ～たら 31. ～ば 32. 対人配慮 33. ごめんなさい 34. 申し訳ない 35. 事情説明 36. 断り 37. 謝罪表現

▶第30講
1. 直示 2. 照応 3. 観念 4. 近世 5. 誰それ 6. どこそこ

拗音

漢字音を取り入れた際の影響のひとつに「15____」の成立もあげられます。

例をあげると、もともと「客」は中国の漢字音でkiakであったのですが、母音連続を許さなかった日本語ではkiaを拗音「キャ」として受け入れ、「キャク」となりました。このようにして「15____」は、日本語の中に一般化していきました。

この「15____」には2種類の系列があり、カ行におけるキャ・キュ・キョを「16____」、クヮ・クヰ・クヱを「17____」とよぶことがあります。

なお、「17____」は後世にはあまり残りませんでした。ただし、「クヮ」だけは、中世末期のキリシタン資料でも、まだカとの区別があり、また現代でも方言に見られる場合があります。また、「クヮ」以外の「17____」クヰ・グヰ・クヱ・グヱについては、【18____】時代には混同されるようになっており、「キ」「ギ」「ケ」「ゲ」に統一されました。

〈参照〉
母音連続の忌避＝第4講。

【解　説】

合拗音
「花」は現代語では「カ」と発音されますが、鎌倉時代には「クヮ」と発音されています。

連母音の融合と開合の区別

古代語では、語中に「1____」行音が来ることはありませんでした。ところが、音便（イ・ウ音便）の成立により語中の「1____」行音が許容されるようになり、「19____」が起こるようになりました。ただし、「19____」をした場合、それらは融合することがあり、特に中世から近世に体系的に見られます。

① オ列長音「開音」「合音」

たとえばオ列長音の場合、現代語では「皇子（oozi）」のオーと「大野（oono）」のオーは同じ発音になっていますが、古代語では「わうじ」「おほの」と違う発音でした。

〈参照〉
音便の成立＝第7講。

中世後期には古代語よりも両者の音は近くなっており、「わうじ」のようにアウに由来するオ列長音は「₂₀　　」音と、「おほの」のようにオウ・エウ等に由来するオ列長音は「₂₁　　」音とよばれる音になっていました。なお、キリシタン資料では「₂₀　　」音は「ǒ」、「₂₁　　」音は「ô」で表記されています。

（4）　vǒji（皇子）、vǒgui（扇）、cǒte（買うて）、morǒta（もろうた←もらう）、cǒbaxij（香ばしい←かうばし）、京（qiǒ）等

（5）　vôno（大野）、côte（乞うて）、vôcame（狼）、qiô（今日）等

それぞれ「₂₀　　」音は [ɔː]、「₂₁　　」音は [oː] という発音だったと考えられています。

近世に入ると、『₂₂　　　　　　　』に「せう、しよう、しやう、せふ是等よつながら同じく聞ゆるなり」と記述されていることからわかるように、「₂₀　　」音と「₂₁　　」音の区別はなくなり、ともにオ列長音で発音されるようになりました。

② その他の母音融合

近世後期の江戸語では、連続する母音が融合した語形が多く見られます。特に、アイ→エー［ai → ee］、アエ→エー［ae → ee］に、多くの例が見られます。

（6）　アイ→エー：あぶない abunai →「₂₃　　　　　　」abunee

（7）　アエ→エー：おまえ omae → 「₂₄　　　　　」omee

（8）　オイ→エー：おもしろい omosiroi →「₂₅　　　　　　　　」omosiree、ふとい futoi →ふてー futee、よい（良 yoi）→えー（ee）（限られた語彙に見られる現象）

ただし、このような融合はいつも生じるというわけではなく、もとの連母音をそのまま保つこともあります。連母音を保つかどうかには、話し手の性別・階層、話の行われる場面等に深く関連しています。たとえば、アイとエーは以下のように使い分けられていたと考えられています。

1. アイ：町人社会でも上品な、あるいは「₂₆　　　　　　」なことば遣

> **解　説**
>
> 『和字正濫鈔』
> 1693（元禄6）年成立。契沖著の仮名遣い書。定家仮名遣いの誤りを正す意図で著されました。第19講参照。

い、また、旗本・御家人等の「27___」ことば。

2. エー：江戸の「28___」のことば。また、下層社会の下品で「29___」なことばにおいて特に普遍的であった。

四つ仮名の合流

鎌倉時代以前には「30___」（「31___」・「32___」・「33___」・「34___」）は音として区別がありました。

キリシタン資料では、比較的四つ仮名の区別はよく守られていますが、それでも、『35___』で、本来「36___」と表記される「ねずみ」が、「37___」と表記された例があります。また、『38___』には「都の人でもヂとジ、ズとヅを混同する」として「Midzu（みづ）」を「Mizu」、「Mairazu（参らず）」を「Mairadzu」と発音するという指摘があります。同様の誤った表記が『39___』等にも見られます。これらのことから、室町後期の話しことばではすでに乱れていたと考えられます。キリシタン資料で、四つ仮名がよく区別されているのは、当時四つ仮名を区別するのが規範的だったことの表れでしょう。

さらに、1695（元禄8）年『40___』の序文では、以下のように書かれています。

（9） 此四字は、清て読ときに素より各別なるがごとくに、濁りて呼時にも亦同からず。然るに、今の世の人、しちの二つを濁りては同じうよび、すつの二つをも濁りては一つに唱ふ。是、甚だしき誤り也。（中略）京都、中国、坂東、北国等の人に逢て其音韻を聞に、総て四音の分弁なきがごとし。唯、筑紫方の辞を聞に大形明に言分る也。

この書は四つ仮名の正しい表記を記すために書かれたものであり、近世前期には一般に、「31___」と「32___」、「33___」と「34___」がそれぞれ同音になっていたと考えられます。

▶注
松村明（1957）『江戸語東京語の研究』東京堂出版

〈参照〉
『日本大文典』＝第13講。

解　説

『かながき論語』
室町時代中期成立。著者未詳。室町時代の『論語』の初学者向けとしてつくられたと考えられています。

『蜆縮涼鼓集』
1695（元禄8）年刊。鴨東萩父著の仮名遣い書。

第17講 一段化、完了！

二段動詞の一段化

　動詞活用の大きな歴史的変化として、二段活用の一段化があります。変化の時期は、およそ【₁　　　　】から【₂　　　】であると考えられています。

　二段動詞の一段化を、活用表で確認しておきましょう。

上二段活用（起く）→上一段活用（起きる）

語幹	未然形	連用形	終止形	連体形	已然形	命令形
起	き	き	₃____	₄____	₅____	きよ
			↓	↓	↓	
起	き	き	₆____	₆____	₇____	きよ

下二段活用（受く）→下一段活用（受ける）

語幹	未然形	連用形	終止形	連体形	已然形	命令形
受	け	け	₃____	₄____	₅____	けよ
			↓	↓	↓	
受	け	け	₈____	₈____	₉____	けよ

　上記の上二段活用「起く」・下二段活用「受く」は、「₁₀____」形「起く」「受く」・「₁₁____」形「起くる」「受くる」・「₁₂____」形「起くれ」「受くれ」のウ列音を「₁₃____」形・「₁₄____」形のイ・エ列音に揃えることにより、語形の安定化を図るものであったと考えられます。

　近世前期の上方のことばでは、二段動詞の一段化したものと従来のものの新旧両形が併存しています。どうやら室町時代の京都・大坂では一

段化はさほど進んでいなかったのではないかと考えられます。

近世前期の一段化率

近世前期の上方語においては、「[15   ]」活用の一段化の方が、「[16   ]」活用よりも進んでいたとされています。坂梨隆三氏の近松世話物24篇における二段活用の一段化率（会話文に現われる終止連体形の一段化率）の調査では上二段動詞は「[17   ]」％、下二段動詞は「[18   ]」％であると報告されています。次は、近松門左衛門の『心中天の網島』の例です。同じ作品の中で、新旧の両方の形を使っています。

（1）その銀(かね)の出所も、後で語れば知れること。

（2）お目にかくれば知るゝこと

なぜ、「[15   ]」活用の一段化の方が、「[16   ]」活用よりもはやく進んだのでしょうか。理由としては、上二段活用の動詞は下二段活用の動詞に比べて「[19   ]」こと、また下一段活用は【[20   ]】にやっと「蹴る」のみが現われたにすぎず、「[21   ]」活用そのものの成立が、「[22   ]」活用よりも遅かったから等が考えられます。【[23   ]】にはすでに、「[15   ]」活用が「[22   ]」化したと考えられるものが見られます。

また、坂梨氏によると、次のような順番で一段化しやすいとされています（左がより一段化しやすい）。

庶民＞「[24   ]」、「[25   ]」＞男子、教養低い＞教養高い、「[26   ]」＞対目上、感情的＞冷静

ナ行変格活用の四（五）段活用化

動詞活用の歴史的変化として、ナ行変格活用の「[27   ]」活用化（現代語では「[28   ]」活用）があります。活用表で確認しておきましょう。

▶注
坂梨隆三（1970）「近松世話物における二段活用と一段活用」『国語と国文学』47（10）、坂梨隆三（2006）『近世語法研究』武蔵野書院、等参照。

ナ行変格活用（死ぬ）→四（五）段活用（死ぬ）

語幹	未然形	連用形	終止形	連体形	已然形	命令形
死	な	に	ぬ	29____	30____	ね
				↓	↓	
死	な	に	ぬ	31____	32____	ね

室町時代にはナ行変格活用は「33____、34____、29____、29____、30____、32____」となっていたと考えられます。そして「10____」形・「11____」形が「ぬ」に、「12____」形が「ね」になり、四（五）段活用となるわけです。

近世前期の上方では、未だ「35____」活用が優勢です。江戸では、【36____】には五段化が「37____」します。

なお、近世前期の近松世話物には、次のような例が見られます。

（3）二人<u>死ぬ</u>なら<u>死に</u>たいが、こな様<u>死ん</u>でくださりよか。

(卯月紅葉)

同じセリフの中にナ行変格活用が四段化した形とナ行変格活用の形が同居した例もあります。

（4）菜刀（ながたな）でなりとも一人<u>死ね</u>ばよいものを。<u>死ぬる</u>に連れをこしらへて、<u>旦那</u>には事欠かせ。　　　(今宮の心中)

条件表現（仮定）

現代語の「38____」「39____」に相当する仮定条件を表わす条件節は、古代語では「40____」で表わされていました。

（5）東風吹か<u>ば</u>にほひおこせよ梅の花あるじなしとて春を忘るな

(大鏡、時平)

（6）名にし<u>おはば</u>いざ<u>言問（ことと）</u>はむ都鳥わが思ふ人はありやなしやと

(古今和歌集、巻9、411)

【41____】以降、これらは「42____」「43____」に分化して継承されていきました。

▶注
木田章義（編）(2013)『国語史を学ぶ人のために』世界思想社、矢島正浩(2013)『上方・大阪語における条件表現の史的展開』笠間書院、等参照。

解説
『大鏡』
院政期の歴史物語。藤原道長の栄華の由来と権勢を描いています。

訳
(5) やがて春になり、東風が吹くころになったなら、おまえの懐かしい香を、風に託して筑紫まで届けておくれ、梅の花よ。主人がいないからといって、花を咲かす春を忘れてくれるなよ。
(6) 都鳥よ、おまえはみやこという名前をつけられたのなら、さあ、尋ねてみよう。「都の私の愛する人は、今も元気で私が帰るのを待っているかどうか」と。

（7） あふそれよ〳〵、其やうな人としつたらは、とうからのせて
　　　 やらふものを　　　　　　　　　　（虎明本狂言、薩摩のかみ）

（8） あれさへきげんをようしてくる丶ならは、いかやうにもあれ
　　　 が申ことくいたさう　　　　　　　（虎明本狂言、はらきらず）

その後、「___40___」の衰退とともに、「___44___」を脱落させた「___38___」「___39___」が用いられるようになりました。近世前期の近松浄瑠璃では、「___42___・___43___」「___38___・___39___」の両形が見られます。『心中刃は氷の朔日』の例を見てみましょう。

（9） うんと言うたら、こなさんも尋常に死んでくださんせと。

（10） 恥を捨てて言うたらば、国の迎ひが蔵屋敷で、つい金を調
　　　 へ、国へ連れて帰らうし、時にはこなたと縁切れる。

「已然形＋ば」の意味

古代語では、「已然形＋ば」が確定条件を表わす形式でした。具体的には「雨降れば、客なし」という文は以下の3つの意味をもちます。

1. 恒常条件＝雨が降れば、いつも客がない。
2. 偶然確定（事実的用法）＝（昨日）雨が降ったら、客がなかった。
3. 必然確定（原因理由用法）＝雨が降ったので、客がなかった。

しかし、中世後期以降、このうち「___45___」の意味が仮定の意味と解釈されるようになり、「已然形＋ば」は仮定の意味をもちます。

（11） 何とせうぞ、いや、則この三角を一人づつしてもてば、二本
　　　 づつではなひか。　　　　　　　　（虎明本狂言、三本の柱）

この文は話し手が「三角を一人ずつ持てば、二本ずつになる」という恒常的なことを表現した文ですが、「もし三角を一人ずつ持ったら、二本ずつになる」というようにも解釈できます。このような例をきっかけに「已然形＋ば」は仮定の意味となりました。そのため現代語では、已然形は「___46___」形とよばれています。

訳
（7）おお、そうだそうだ、そのような人と知っていたら、最初から乗せてやったのに。
（8）あいつさえ機嫌をよくしてくれるのなら、なんとしてでもあいつが言うようにいたしましょう。

第18講　武士・江戸っ子・遊女のことば

近世の位相におけることばの違い

さまざまな近世の身分・階層等によることばの違いを見てみましょう。

① 武士のことば

次の文から、当時「1_____」と「2_____」が武士の人称として認知されていることがわかります。

（1）学者の足下、藩中の貴殿、俠者のおみさん、通のぬし、何れもきさまはきさまなり。その返報に不侫といひ、身どもといひ、おれがといひ、わつちといふ、いづれも拙者は拙者なり。
　　　　　　　　　　　　　　（道中粋語録　変通軽井茶話）

さて、町人のさまざまな階層のことばを見るのに、とても良い資料があります。式亭三馬の『浮世風呂』です。その中を覗いてみましょう。

② 町人のことば

江戸語では町人は、上中下の3層、または上下の2層に分かれる場合があるとされます。たとえば町人の女性の場合、上層の会話と下層の会話を並べてみると、ずいぶんと差があるのがわかります。

まず、上層の既婚女性同士の会話を見てみましょう。

（2）三十くらゐの女房。人がらのよい風ぞく。はなの下をながくのばして、もみあげのあたりをあらひながら△いぬ「ヲヤヽ、お鍋さんでございますかへ。あのお子さまは少し見申さぬうちにおみ大きくおなりなさいましたネ。モウ当年おいくつでございますへ△きぢ「ハイ九ツになります。ヲホヽヽヽ△いぬ「お宿下りでございますか△きぢ「ハイ。三夜泊りにお隙を頂きました△いぬ「それはよろしうございま

▶注
坂梨隆三（1987）『江戸時代の国語　上方語』、小松寿雄（1985）『江戸時代の国語　江戸語』ともに東京堂出版、等参照。

解説

『道中粋語録　変通軽井茶話』
1781（安永10）年頃刊。大田南畝作の洒落本。

『浮世風呂』
1809（文化6）年刊。式亭三馬作の滑稽本。前編「男湯之巻」四編「男湯再編」、二編「女中湯之巻」三編「女中湯之遺漏」という構成で、銭湯に来たお客の会話が中心となっています。この頃の銭湯は町人の社交場でもあって、さまざまな人が訪れています。

す。踊と申すものは、おちいさい内から御奉公ができてよろしうございますねへ。おいくつからお上なさいましたへ△きぢ「ハイ、六ツの秋御奉公に上ました△いぬ「ヘヱ、よく思ひ切てネヱ△きぢ「ハイサ。乳母を付て出しましたから、只今までも御奉公が勤りますが、最う早、わが儘ものでこまります。
（浮世風呂）

二人（いぬさん、きぢさん）は顔見知りですが、とても丁寧な話し方ですね。このように上層では、「3_____」「4_____」等と高い待遇の敬語が使われています。また、二人称は「5_____」、一人称は「6_____」が用いられています。その他、連母音の融合もあまり起こりません。

〈参照〉
連母音の融合＝第16講。

次に下層の既婚女性同士の会話を見てみましょう。

（3）　△風呂へ入る　した「お鳶さん、〰。おめへモウあがるか。最ちつとつき合な。今にもう一返這入て来て一緒に上らアな。」（中略）△おとび「そりやアとんだ事だつけのう。おいらアかたつきし知らなんだ。しつたらとりせへに行だものを
（浮世風呂）

下層の女性同士（したさん、お鳶さん）は、ほとんど敬語らしい敬語は使いません。一人称は「7___」「8___」「9___」「10___」、二人称は「11___」「12___」等を用います。そして連母音の融合をよく起こします。

『夢酔独言』における江戸っ子（男性）のことば

江戸っ子男性である幕末の貧乏御家人、勝小吉の『夢酔独言』を見てみましょう。勝小吉は、勝海舟の父親です。

（4）　出生
　　　　おれほどの馬鹿な者は世の中にもあんまり有るまいとおもふ。故に孫やひこのために、はなしてきかせるが、能〰不

解説

『夢酔独言』
1843（天保14）年成立。勝小吉の自叙伝。勝小吉（1802–1850年）は別名を勝惟寅ともいいますが、江戸時代後期の武士で幕臣です。1818（文化5）年に勝家の養子となります。無役であったため、市井の人として過ごし、37歳で隠居しました。本姓は男谷です。

法もの、馬鹿者のいましめにするがいゝぜ。おれは妾の子で、はゝおやがおやぢの気にちがつて、おふくろの内で生れた。夫を本とふのおふくろが引とつて、うばでそだてゝくれたが、がきのじぶんよりわるさ斗りして、おふくろもこまつたといふことだ、と。夫におやぢが日きんの勤め故に、内にはいなゐから、毎日〳〵わがまゝ斗りいふて、強情故みんながもてあつかつた、と用人の利平次と云ぢゝいがはなした。

(夢酔独言)

遊女のことば

遊女は、「13＿＿＿＿」「14＿＿＿＿」「15＿＿＿＿」「16＿＿＿＿」等の特有のことばを話していました。このことばの起源は、方言の矯正であったともいわれています。以下の「17＿＿＿＿」「18＿＿＿＿」等が遊女のことばです。

（5） 女郎「どこざんすへ。」

ムスコ（客）「神田の八丁堀ｻ。」

女郎「うそをおつきなんし。よくはぐらかしなんすョ。」

ムスコ「跡(あと)でしれやす。」

女郎「なぜへ。気にかゝりんす。言つておきかせなんしな。お言ひなんせんとくすぐりんすよ。」

ムスコ「言はずともいゝじゃァねへかね。マァ遠(とを)ひのさ。」

女郎「ほんにかへ。」　　　　　　　　(傾城買四十八手)

この遊女のことばは、遊女・新造・遣手・芸妓等のほか、茶屋・船宿・妓楼の女たちも使用していました。遊女のことばは、「19＿＿＿＿」「20＿＿＿＿」「21＿＿＿＿」「22＿＿＿＿」「23＿＿＿＿」等と称されています。

特に、吉原で用いるものを「23＿＿＿＿＿＿＿」といいますが、これは近世には一般的ではなく、近代（明治以後）の使用とされています。

解説

『傾城買四十八手』
1790（寛政2）年刊。山東京伝作の洒落本。

新造
新しくつとめに出た、また若い遊女。

遣手(やりて)
遊女を監視・管理する女性。

芸妓(げいぎ)
お酒の席で、歌や踊り等によって、もてなすことを業とする女性。

船宿(ふなやど)
船で吉原に通う客の送迎をするところ。

妓楼(ぎろう)
芸妓・遊女を置いて客に遊興させることを仕事とするところ。

この「₁₃____」は「₂₄____」の意で、動詞「₂₅____」＋丁寧を表わす助動詞「₂₆____」（遊女のことば）からきた敬語です。

（6）（女郎）わつちより外にぬしの相（あい）かた衆はねへはづでありんす。
　　　　　　　　　　　　　　　　（酔姿夢中、菜遊）

この「ありんす」が敬語であるように、遊女のことばは大部分が待遇表現に関する語であり、したがって遊女や芸妓も目下に対しては使いません。普通の女性と同じように話します。この遊女のことばを使うのは客に対する場合に多く見られます。

解　説

『酔姿夢中』
1779（安永8）年刊か。作者不詳の洒落本。

近世の外来語

江戸幕府は外国との通商・交通を極端に制限していました（鎖国）。その中で、オランダ・中国とは通商関係があり、18世紀前半には蘭学が推奨され、自然科学の分野を中心とした新たな知識がオランダ語を通してもたらされました。

西洋語のはじめての翻訳に取り組んだのが、杉田玄白『₂₇_____』（1774（安永3）年）です。次の杉田玄白の『₂₈_____』（1815（文化12）年）には、翻訳の際の苦労が書かれています。

杉田玄白
1733–1817年。江戸後期の蘭方医、蘭学者。

（7）譬（たとえ）ハ、眉（まゆ）（ウエインブラ、ウ）といふものは目（め）の上（うえ）に生（しょう）じたる毛（け）なりと有（あ）よふなる一句（いっく）も、彷彿（ほうふつ）として、長（なが）き日（ひ）の春（はる）の一日（いちじつ）にハ明（あき）らめられす、日暮（ひくる）るまで考（かんが）へ詰（つ）め、互（たがい）ににらみ合（あい）て、僅（わずか）一二寸計（にすんばかり）の文章（ぶんしょう）、一行（いちぎょう）も解（かい）し得（う）る事（こと）ならぬ事（こと）にてありしなり。
　　　　　　　　　　　　　　　（蘭学事始）

さて、西洋語の翻訳なのですが、その中にはその時代の日本語にはなかったことばが多くありました。そこで、創意工夫によって新しい語をつくりだします。『₂₇_____』は漢文で翻訳されたこともあって、「神経・盲腸・資格・粘膜・座薬・軟膏・十二指腸・横隔膜」等の漢語、また宇田川玄真によって「腺」という国字がつくりだされました。

宇田川玄真（うだがわげんしん）
1769–1834年。江戸後期の蘭学者、医者。宇田川玄随の養子で伊勢国山田（三重県）の出身です。江戸に遊学して大槻玄沢・宇田川玄随等諸家に就いて学びました。また、翻訳に優れていました。訳著に『医範提綱（いはんていこう）』等があります。

第19講 国学者たち

文語文法（国文法）

現在、我々が学校で習う「₁_____」は、中古のことばを規範として研究整理されたものです。

中古以降、係り結びの崩壊等、ことばは変化していくのですが、中世以降の人々は中古のことばを規範としていたので、和歌や雅文はその中古のことばのようにつくらなければなりませんでした。

そこで、中古のことばを知るためにそれが研究の対象となるのですが、近世以前は近代の言語学の関心のように、言語そのものを観察の対象として、それを論理的な体系として構成するという目的ではありませんでした。あくまで実作上必要なもので、秘伝的です。そして、関係する書物としては、歌語や語法である助詞・助動詞・接尾辞・用言の活用語尾、また係り結びに着目したものが出ています（手爾葉大概抄）。

近世の国学へ

これが、近世になると大きく変化します。

まず、「₂_____」（1640–1701年）です。「₂_____」は主観的解釈を廃し、文献に基づいた科学的・実証的研究方法を確立していきます。近世以降のこのような学問を「₃_____」とよびます。「₂_____」は、この「₃_____」の先駆者的役割を果たしました。

同じく『万葉集』を中心に古典研究を進めた「₄_____」（1697–1769年）、「₅_____」（1730–1801年）、「₆_____」（1738–1779年）と研究は進められていきます。

なお、「₄_____」は1763（宝暦13）年大和巡りの旅に出た際に、松坂（三重県）で「₅_____」に会い、影響を与えたといわれてい

解説

係り結びの法則
現代の我々は「ぞ・なむ・や・か～連体形」「こそ～已然形」で結ぶ、また活用形「未然形・連用形・終止形・連体形・已然形・命令形」を知っています。これらは近世以降の国学の人々によって明らかにされたものです。

雅文（がぶん）
中古の仮名文、または、それをまねて書いた文（擬古文）のこと。

『手爾葉大概抄』
鎌倉末期または室町初期成立。著者未詳の語学書。「てにをは」についてまとまった解説をする書物としては最も古いものです。

ます。

国学の大成者である「5_____」は多くの門人をもっていましたが、その中でも息子である「7_____」(1763–1828 年)、門人の「8_____」(1764–1837 年) 等は優れた業績を残しています。

契沖から賀茂真淵、本居宣長へ

① 契沖

契沖には以下の著作があります。

1. 『9_____』：徳川光圀が『万葉集』の注釈書を下河辺長流に依頼したのですが、彼が病死したため、その仕事を託されたものです。

2. 『10_____』：契沖は仮名遣いの研究にすばらしい業績があります。定家仮名遣いの誤りを指摘し、いわゆる歴史的仮名遣いの根幹となるものを残しました。彼は仮名の用法や音韻が時代によって変わっていくことについてもすでに気が付いていたようです。ただし、文法の面では、あまりまとまった業績は残していません。

② 本居宣長

門弟およそ 500 人余を数える一大学派を形成していました。彼の研究分野は広く、古典注釈『11_____』文学論『12_____』、語学書『13_____』『14_____』があります。

③ 富士谷成章

本居宣長と同時代の人で、京都の医師皆川春洞の次男で、兄は儒学者の皆川淇園です。著書は『15_____』三巻、『16_____』五巻等。「17_____」は副詞・接続詞・感動詞、「18_____」は助詞・助動詞・接尾語です。

富士谷成章は語を「名・挿頭・装・脚結」に分類します。名は名詞類、装は用言つまり動詞・形容詞・形容動詞です。このような国語のす

解 説
下河辺長流
しもこうべ ちょうりゅう
1624–1686 年。江戸前期の歌人、歌学者。「しもかわべ ながる」とも読む。『万葉集管見』等。

〈参照〉
定家仮名遣い＝第 12 講。

解 説
歴史的仮名遣い
れきしてきかなづかい
過去の文献によりどころを求める仮名遣いのこと。主に契沖の『和字正濫鈔』の方式によるものをいいます。

べての語を体系的に分類したのは彼が最初なのですが、不幸にも早世し、用語が難解なこともあって世にあまり広がりませんでした。

④ 本居春庭

本居宣長の息子です。著書『₁₉_____』は、宣長の『活用言の冊子』を基本に、動詞の活用および自他についてまとめたものです。五十音図の体系をもとに、現在知られている用言の活用体系のほとんどの部分を規定した文法書です。

⑤ 鈴木朖

1792（寛政4）年29歳の時に宣長に入門します。1833（天保4）年には尾張藩藩校明倫堂で国学を講じています。語を「₂₀_____」「₂₁_____」「₂₂_____」「₂₃_____」の4種に分類して説いた『₂₄_____』があります。その他『₂₅_____』（1803（亨保3）年成立）があります。

動詞活用の研究史

ここで動詞活用の研究史をまとめておきます。活用に関する研究の萌芽はすでに中世にありますが（悉曇学、歌学書等）、未だ体系的なものではありません（ただし、五十音図を基本として活用を理解しようとする態度は見られます）。

近世になり、本居宣長は用言を活用の型によって27に分類し、その語形変化を考えました（『₂₆_____』『活用言の冊子』）。そして、その門下である鈴木朖は『₂₅_____』によって用言の切れ続きによる語形を整理しています。

また、本居春庭は『₁₉_____』で、五十音図のどの段に活用するかによって動詞を分類し、体系的に整理しています。現在知られている用言の活用体系のほとんどの部分を規定し、現代文法の基礎をつくりました。その後、東条義門等によって改訂されて、現在の体系となっています。

解説

悉曇学（しったんがく）
梵語（サンスクリット語）に関する学問。仏教渡来の後、経典中の梵語の音訳語や陀羅尼（だらに）を理解するために、日本で始められました。

歌学書（かがくしょ）
歌学（和歌に関する学問）に関することを記述した書物。

東条義門（とうじょうぎもん）
1786–1843年。若狭国（福井県）妙玄寺の住職。用言の活用・助詞・音韻を研究した国学者であり、著書に『活語指南』『山口栞』『男信』等があります。

詞の八衢

東条義門（『27＿＿＿＿』『28＿＿＿＿＿』等）は語形変化を整理し、6種の活用形を立てます。現在、我々が知っている6つの活用形は、義門の「将然言、連用言、截断言（せつだんげん）、連躰言、已然言、希求言」を基本的に継承したものです。

てにをは紐鏡（一部抜粋）

第20講 文明開化（近代）

時代背景

1868（明治元）年に首都が東京に遷り、明治時代となります。明治時代には急速に外国から新しい事物・概念が流入し、特に語彙面で激しい変化を遂げます。新しい訳語を漢語によりつくったり、中国語から導入したりすることによって漢語が増加し、また外国語の音をそのまま用いた外来語も急激に増加します。

〈参照〉
漢語ブーム＝第22講。
漢語＝第26講。

資料

近代以降、活字による出版術が発展し、多くの出版物が世に出されます。近世末から近代初期の話しことばを知る資料として、旧幕府の人々のことばを記した『₁_____』『₂_____』、さまざまな階層・職業の庶民のことばがいきいきと描かれた『₃_____』、当時の書生のことばが見られる『₄_____』、さらに三遊亭円朝の落語を出版した速記本『₅_____』『₆_____』等があります。この速記本は、明治の言文一致体に大きな影響を与えたといわれています。

解説

三遊亭円朝
1839–1900年。落語家。21歳の時に『真景累ヶ淵』を創作し、以後、道具立芝居噺、怪談噺、人情噺を自作自演して人気を得ました。

① 『₁_____』『₂_____』

『₁_____』は晩年の徳川慶喜を囲んだ座談録であり、また『₂_____』は旧幕勤士の古老たちを招きおこなった質疑の記録です。これらは、当時流行した速記で記録されており（『₁_____』は第5回から第13回が速記）、近世末期のことばを知る手がかりとなる資料です。なお、聞き取りは『₁_____』は明治40年前半、『₂_____』は明治20年半ばにおこなわれています。

（1） 江戸幕府第15代将軍の徳川慶喜の発言

それは後見職の名義から言えば、そういうふうに相違ないが、しかしその節の後見職はそういうわけでないので、いろいろそこに事情がある。

（昔夢会筆記、第7回、1909（明治42）年12月）

（2） 旧幕御庭番の川村帰元の発言

青木吉五郎と申すものは歌が巧くできまして……それで、どうかこうか、あの地の探索が届くので、なかなか手先と申しても、こちらがかえって手先位の加減です。ただそういうふうに育ちますから、とかく金を遣いすぎたり、人間が柔弱にできたりということもございますが、

（旧事諮問録、第7編第10回、1892（明治25）年2月）

② 『_3_____』

「_7_____」の戯作。1871–1872年に出版されました。田舎侍・生文人・商人・藪医者・娼妓等のさまざまな庶民の会話を写実的に表現しており、当時の口語表現を知る重要な資料です。

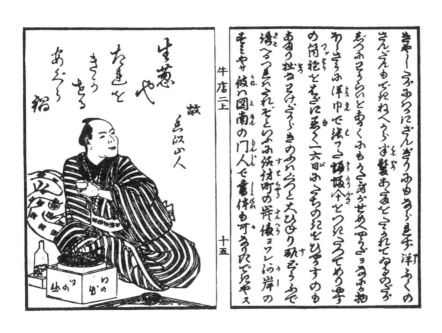

牛店雑談安愚楽鍋

③ 『₄＿＿＿＿＿＿＿＿＿』

「₈＿＿＿＿＿」の小説。1885–1886年に出版されました。当時の書生のことば、人称「₉＿＿＿」「₁₀＿＿＿＿＿」「₁₁＿＿＿＿」・命令表現「₁₂＿＿＿＿＿」「₁₃＿＿＿＿＿」の多用、また外来語、英語「ブック（書籍）」「ウヲツチ（時器）」等の使用が見られます。

〈参照〉
書生ことば＝第21、22講。

録音資料

近代には音の資料である録音資料が加わります。現存する最古の日本語録音資料群は、「₁₄＿＿＿＿＿」「₁₅＿＿＿＿＿＿＿＿＿＿＿」であり、【₁₆＿＿＿＿】年頃から録音が始まります。

解説

蝋管(ろうかん)
蝋を塗った円筒で、初期の蓄音機の録音・再生に用いました。

平円盤SPレコード
直径が標準25および30cmのレコードです（30cmの場合、演奏時間は片面約5分でした）。とてももろく取り扱いに注意が必要でした。LP・EPレコードの開発以後、主流の座をこれらに譲ります。

新しい文字―ローマ字

日本語にはじめてローマ字が入るのは【₁₇＿＿＿】世紀末であり、ヨーロッパからきたキリスト教宣教師によってもたらされました。これらは、当時の「₁₈＿＿＿＿＿＿」語に基づいてローマ字のつづり方を考案したもので、キリシタン資料に見ることができます。たとえばカ行は「₁₉＿＿＿＿＿＿＿＿＿」であり、現在のものとは違います。このローマ字は、その後のキリスト教の禁教、また徳川幕府が鎖国政策をとったことにより使用が廃れます。

近世には、交易をおこなっていた「₂₀＿＿＿＿＿＿」語に基づいたローマ字のつづり方（例：クはkoe、ツはtoe等）がなされるのですが、これは特定の学者等の使用にとどまるものでした。

近代になると外山正一(とやままさかず)やチェンバレン（Chamberlain）によって「₂₁＿＿＿＿＿＿」が結成（1885（明治18）年）され、「₂₂＿＿＿＿」式といわれる英語のつづり方にならった表記法が考案されます。そしてその他、「₂₃＿＿＿＿」「₂₄＿＿＿＿」等が提案されていきます。

ヘボン式
ヘボン式のヘボンとは、宣教師でもあり医師であったジェームス・カーティス・ヘボン（James Curtis Hepburn、1815–1911）のことです。日本最初の英語で書かれた和英辞典『和英語林集成』を編集したことで有名です。

現行のものは、1954（昭和29）年12月に「ローマ字のつづり方」で告示されたものです。これは1947（昭和22）年度の義務教育の学習指導

要領において、「25_____」「23_____」「24_____」の三種から選べるようになっていたものを統一し、規準として示したものです。

つづり方の違い

「ローマ字のつづり方」によれば、一般に国語を書き表わす場合は訓令式のつづり方によることとされています。ただし、国際的関係その他従来の慣例をにわかに改めがたい事情にある場合に限り、ヘボン式・日本式によっても差し支えないとされます。それぞれのつづり方の違いを確認しましょう。

a	i	u	e	o			
ka / **kwa**	ki	ku	ke	ko	kya	kyu	kyo
sa	si / shi	su	se	so	sya / sha	syu / shu	syo / sho
ta	ti / chi	tu / tsu	te	to	tya / cha	tyu / chu	tyo / cho
na	ni	nu	ne	no	nya	nyu	nyo
ha	hi	hu / fu	he	ho	hya	hyu	hyo
ma	mi	mu	me	mo	mya	myu	myo
ya	(i)	yu	(e)	yo			
ra	ri	ru	re	ro	rya	ryu	ryo
wa	(i)	(u)	(e)	(o) / **wo**			
ga / **gwa**	gi	gu	ge	go	gya	gyu	gyo
za	zi / ji	zu	ze	zo	zya / ja	zyu / ju	zyo / jo
da	(zi) (ji) / **di**	(zu) / **du**	de	do	(zya) (ja) / **dya**	(zyu) (ju) / **dyu**	(zyo) (jo) / **dyo**
ba	bi	bu	be	bo	bya	byu	byo
pa	pi	pu	pe	po	pya	pyu	pyo

□ 訓令式と異なるヘボン式　　■ 訓令式と異なる日本式

解　説

そえがき
1　はねる音「ン」はすべてnと書く。
2　はねる音を表わすnと次にくる母音字またはyとを切り離す必要がある場合には、nの次に'を入れる。
3　つまる音は、最初の子音字を重ねて表わす。
4　長音は母音字の上に＾をつけて表わす。なお、大文字の場合は母音字を並べてもよい。
5　特殊音の書き表わし方は自由とする。
6　文の書きはじめ、および固有名詞は語頭を大文字で書く。なお、固有名詞以外の名詞の語頭を大文字で書いてもよい。

第21講 君、近代のことばを学びたまえ

書生ことば

　ことばは誰でも同じように用いているわけではなく、階層・性別・集団等の位相によって異なることがあります。たとえば、近代には学生たちの間で用いられる「₁_____」ことばがあります。「₁_____」ことばには以下のような特徴があります。

① 一人称代名詞：「₂_____」「₃_____」を多用します。「₂_____」はもともと「₄_____」の意味で、儒学者たちが強い謙譲の意識をもって使用していた一人称代名詞です。

（1） <u>僕</u>が此職を命ぜられりやア　　　　　　　（当世書生気質）

② 二人称代名詞：「₅_____」を多用します。その他、相手をよぶ時は、人名の「₆_____」、または、「人名」＋「₇_____」等です。

③ 命令表現：「₈_____」や「₉_____」を多用します。「₈_____」はもともと、近世の武家ことばでした。

> **解説**
> 現代語では「〜たまえ」「君」は、上司のことばとして意識されます。「君、この仕事は今日中にやっといてくれたまえ」

（2） サアサア小町田、閑話休題だ。<u>却説</u>(かえってとく)をはじめ<u>たまへ</u>
　　　　　　　　　　　　　　　　　　　　　（当世書生気質）

④ あいさつことば：「₁₀_____」を用います。

⑤ 語彙：「₁₁_____」や「₁₂_____」(多くは英語由来)を多用します。

（3） それぢゃアまた<u>演</u>(は)じめよう。しかし守山君、君も十分<u>先入の僻見</u>(プレジュシス)を去つて聞いてくれなくちゃア困る。これから僕がはなす事は、一は<u>冤罪</u>(えんざい)を<u>雪</u>(そそ)ぐがために、一は<u>悔心</u>(かいしん)を表するために、真の<u>事実</u>のみを話すのだから　　　　　　　　　（当世書生気質）

女学生のことば―「てよだわ」ことば

　近代の女学生のことばに、文末に「〜て（よ）」「〜（だ）わ」をつけ

る「13_____」ことばがあります。

（4）「どうですか、そんな事は何とも仰しゃらなくってよ。」

（吾輩は猫である）

（5）「迷える子──わかって？」　　　　　　　（三四郎）

（6）「梅はまだ咲かなくツテヨ」「アラもう咲いたノヨ」「アラもう咲いテヨ」「桜の花はまだ咲かないンダワ」（中略）

（「流行言葉」『貴女之友』）

このことばは「14_____」の「15_____」階級のことば・下級の「16_____」のことば・社会的階層の「17_____」人々のことばが起源であると指摘されることが多く、また「18_____」を中心とする学校を介して若い女性に広まっていったものと説明されています。

このような表現が現われはじめた【19_____】年代から【20_____】年代において、この「13_____」ことばは、文学者、教育者、マスメディア等の指導的な立場にあった人々の言説では一貫して、品格のない、耳障りで乱暴な表現として、排斥されていました。

たとえば、尾崎紅葉は（6）の例をあげた後、以下のように述べて、「13_____」ことばを非難する姿勢を見せています。

（7）　心ある貴女たちゆめかかる言葉づかひして美しき玉に瑕（きず）つけ
　　　磨ける鏡をな曇らせたまひそ

（「流行言葉」『貴女之友』）

ただし、尾崎紅葉は自らの小説では、若い女性に「13_____」ことばを用いています。

文体の形成

明治期は、前島密「21_____」を契機とした言文一致運動によって口語文が確立した時期です。それまで文語文が用いられていた小説や新聞において、小説では【22_____】年代、新聞は【23_____】年頃に口語文が一般化しました。

解説

『吾輩は猫である』
1905（明治38）年。夏目漱石著の小説。

『三四郎』
1908（明治41）年。夏目漱石著の小説。

▶注
遠藤織枝（1997）『女のことばの文化史』学陽書房、『貴女之友』は女性雑誌。「流行言葉」は1888（明治21）年に書かれた尾崎紅葉のエッセー。

解説

漢字御廃止之儀
1866（慶応2）年。前島密が徳川慶喜に対して漢字の廃止を建白したものです。

また、言文一致運動の高まりにより、口語文は【24　　　　　】年の「25　　　　　」に採用され、全国に普及していきました。

そして、特に明治後期には文体改革の意識に基づいて文末表現が整えられていきました。尾崎紅葉は『多情多恨』で「26　　　　　」調を用いて文章を記しています。

（8）　性来の無愛相が、憂に心を奪れてゐるのであるから、柳之助の様子と云ふものは、無い！可厭な奴が来たと謂はぬばかりである。　　　　　　　　　　　　　　　　　　（多情多恨）

また二葉亭四迷は「27　　　」調、山田美妙は「28　　　　」調、嵯峨野屋おむろは「29　　　　　」調で文章を記しました。

（9）　それも宜しいが課長は昇の為めに課長なら文三の為めにもまた課長だ、　　　　　　　　　　　　　　　　　　　　　　（浮雲）

（10）　滑りました、真逆さま……跡は水烟と呆れた雑兵の顔ばかりです。　　　　　　　　　　　　　　　　　　　　　　　　（胡蝶）

（11）　是がお糸の胸の中、概略此通りであります。　（野末の菊）

大正期に入ると、「30　　　　　」や「31　　　　　」の作家によって、口語文は一層洗練され、完成されていきます。

また、言文一致運動は一般の啓蒙書や新聞の分野でも進められました。特に1900（明治33）年に結成された「言文一致会」は政府の国語調査委員会を結成させるため、また国定教科書に口語体を採用させるために運動し、一定の影響力をもちました。

翻訳の影響

近代では語彙のみでなく文章レベルでも英語等の欧米語から影響を受け、新しいタイプの文ができました。

まず、当時生みだされた英語の直訳的言い回しの中には現代まで定着しているものがいくつかあります。たとえば、関係代名詞「which」を「32　　　　　　　」と訳したり、「too ～ to ～」を「33　　　　

解説

『多情多恨』
1896（明治29）年。尾崎紅葉著の小説。

『浮雲』
1887（明治20）年〜1889（明治22）年。二葉亭四迷著の小説。
ただし、二葉亭四迷の「だ」調は、敬語を使わないという意味であり、それほど「だ」で結んだ文は多くありません。

『胡蝶』
1889（明治22）年。山田美妙著の小説。

『野末の菊』
1889（明治22）年。嵯峨野屋おむろ著の小説。

▶注
森岡健二（1999）『欧文訓読の研究─欧文脈の形成─』明治書院

」と訳したり、あるいは「enough to ～」を「₃₄　　　　　　」と訳したりするものです。

　たとえば、古代語の受身文を見ると、「非情物ガ」+「₃₅　　　　　」+「～ラル」あるいは「非情物ガ」+「～ラル」というタイプは存在しましたが、「非情物ガ」+「₃₆　　　　　」+「～ラル」というタイプは存在していませんでした。

（12）「非情物ガ・非情物ニ・～ラル」
　　　露ハ月ノ光ニ被照テ
　　　　　　　（今昔物語集、村上天皇御子大斉院出家第17）

〈参照〉
『今昔物語集』＝第5講。

　しかし、近代に入ると、助詞「ニヨッテ」が成立し、「非情物ガ」+「有情物ニ（ニヨッテ）」+「～ラル」というタイプの構文ができるようになりました。

（13）「非情物ガ・有情物ニヨッテ・～ラル」
　　彼所ニ併ナガラ一二ノ一般ノ規則ト而シテ経験ガ此ニ就テ巧者ナル語学者ニ由テ定メラレテアル　　　（和蘭文典読法）

　また、他動詞文において、抽象的な「₃₇　　　　　　」（コトガラ、主に「原因」の意味を表わす）が主語に立つ構文は、古代語にはありませんでした。これも、欧米語の文章の影響を受けた例です。

解　説
『和蘭文典読法』
1856（安政3）年刊。竹内宗賢が訳したオランダ語の入門書。

（14）非情物名詞句主語
　　　下宿の出来事は烈しく胸の中を騒がせる　　（破戒）

　さらに、「₃₈　　　」を表わす場合についても、「抽象的性質ヲ」+「もつ」という構文が明治期以降に成立しました。この構文は、明治期に「₃₉　　　　」を意味する「₁₁　　　」（～ヲの部分にあたる）を日本語に多く取り入れたことに加え、英語の所有文で用いる「₄₀　　　」を「もつ」と訳すことが要因となり、成立したと考えられます。

『破戒』
1906（明治39）年。島崎藤村著の小説。

（15）茶屋の前を通り越しながら、世の中には妙な作用を持てる眼があるものだと思つた位である。　　（坑夫）

『坑夫』
1908（明治41）年。夏目漱石著の小説。

第22講 吾輩のウォッチであとテンミニッツ

明治期の新漢語と漢語ブーム

　明治期には欧米から新しく入ったことばを「₁　　　　」で訳すことが多く行われ、「₂　　　　　　」が急増します。これらを特に「₃　　　　　」とよびます。

　特に、幕末から1872（明治5）年頃までは「₄　　　　」の語彙が多く生まれます。これには既存の語の転用、「₅　　　　」の用語の利用、新しい漢語の造語といった手段がとられました。また、1873（明治6）年から1877（明治10）年には「₆　　　　」の語彙が多く生まれました。

　「₃　　　　　」の例を見ていきましょう。

① 中国語から直接「₇　　　　」したもの。例：電気、電報、地球、銀行、化学、直径、新聞

② 中国語を変形して「₇　　　　」したもの。例：船室（中国語は船房、以下カッコ内同じ）、鉄道（鉄路）、現金（現銀）、増加（加増）

③ 中国の「₈　　　　」を意味的に転用したもの。中国古典文献や漢訳仏典等に典拠がある。例：革命、文化、観念、福祉、文明、関係、存在、印象

（1）「革命」＝中国古典語の意味は、天朝（君主や朝廷）が別の天朝にとってかわられることですが、日本語の意味は、被支配階級が支配階級から政治権力を「₉　　　　」、政治制度や社会制度を「₁₀　　　　　　」ことです。

（2）「文化」＝中国古典語の意味は、武力や刑罰等の権力を用いず、「₁₁　　　　」や「₁₂　　　　」によって人民を導くことですが、日本語の意味は「₁₁　　　　」・「₁₃　　　　」・「₁₄　　　　」・「₁₅　　　　」等、人間の精神の働きによってつくりださ

れ、人間生活を高めてゆくうえの新しい価値を生みだしてゆくものです。

④ 日本独自で漢語をつくりだしたもの。漢訳洋書、あるいは辞書で用いられるようになる。例：哲学、喜劇、郵便、美学、帰納、概念、目的、理想

また、明治新漢語は、特定の個人が積極的に生産・導入した例も見られます。たとえば、「16_____」は「結果」「理論」「官僚」「17_____」は「演繹」「帰納」「具体的」等を用い、特に「17_____」の哲学用語は以後の辞書に受け継がれました。

漢語ブームが起こった理由

明治期に漢語ブームが起こったのには、以下の理由がありました。

1. 武士、知識人の教養の基礎が「18_____」にあった。
2. 近世に各地の「19_____」が広がったため、一般の話しことばがほとんど通じなかった。
3. 明治新政府から出される「20_____」、「21_____」等は「1_____」を多用した硬い文章であり、漢語は「22_____」をもっていた。
4. 活字本も知識人のものはほとんどが「23_____」書き下し調だった。

このように、当時の日本語の状況には、漢語が用いられやすい素地があったといえます。

漢語ブームに対する意識

たとえば、1872（明治3）年に出された『24_____』の序文では、以下のことが述べられています。

（3）上は天朝の御布令。中諸侯の建奏。下市俗の論議及び遊女弦妓の雑談迄。漢語を交えざるはあらじ。遮莫婦幼の徒の中には。耳に聴き口に唱て意に縡を知ざる者あり。

解説

中村正直
1832–1891 年。日本の儒者、啓蒙思想家。『西国立志編』等を著しました。

西周
1829–1897 年。日本の啓蒙思想家。『百一新論』『百学連環』等を著しました。

訳

（3）上は天皇のおふれ、中は諸侯の話し合い、下は庶民の議論や遊女・芸妓の雑談まで漢語を交えないものはない。しかし、婦人や幼い者の中には、耳に聴いてすぐ口で唱え、本当の意味を知らない者がいる。

また、1868（慶応4）年の『[25_____]』では以下のような記事があります。

（4）此頃、鴨東（京都鴨川）ノ芸妓少女ニ至ルマテ、専ラ漢語ヲツカフコトヲ好ミ、霖雨ニ盆地ノ金魚カ脱走シ、火鉢カ因循シテキルナト、何ノワキマエモナクイヒ合フコトトナレリ。又ハ客ニ逢フテ、此間ノ金策ノ事件ニ付建白ノ御返事ナキハ如何カナト実ニ聞ニ堪エサルコト也。

訳
(4) 近頃、鴨川の芸妓、舞妓に至るまで、漢語を使うことを好み、「長雨で池の水が溢れて金魚が逃げ出した」「火鉢の炭が湿って火がつきにくい」等と何のわきまえもなく言い合っている。また、客に会って「必ずお金を工面するって言ったじゃないの。あの返事はどうなったの？」等というのは実に聞くにたえないことである。

外来語

明治維新以降、日本は近代化の中で、欧米諸国のことばを積極的に受け入れていきました。特に「[26_____]」から入ってきた語彙が多く見られます。

（5）ハンカチ、ブラシ、ブランケット、シャツ、等

この他にも「[27_____]」語や「[28_____]」語、「[29_____]」語から取り入れられた語彙があります。「[27_____]」語は芸術・文学・演劇・服飾・料理、「[28_____]」語は医学・哲学、「[29_____]」語からは音楽用語が多く日本語の中に取り入れられました。

（6）「[27_____]」語：アトリエ、クレヨン、デッサン、エチュード、等

（7）「[28_____]」語：ガーゼ、アルバイト、リーベ、ゲレンデ、等

（8）「[29_____]」語：テンポ、フィナーレ、マカロニ、等

中でも「[30_____]」は外国語学校とよばれるほど、外国語が偏重して用いられていました。

（9）「ゲーゲントップ（独ゲーゲン＋英トップ）」：「[31_____]」

（10）「ドッペル（ドッペリ・ドッペった）」：「[32_____]」

（11）「シャン（シェーネ・シェーン）」：「[33_____]」

（12）「ジンゲル」：「[34_____]」　（以上ドイツ語）

〈参照〉
書生ことば＝第21講。

（13）「トリンケン」:「㉟＿＿＿」　　　　　　（オランダ語）

固有名は音をそのまま取り入れることが多く、当初は漢字で表記されています。

（14）「㉗＿＿＿」「仏蘭西」、「㊱＿＿＿」「英吉利」、「㊲＿＿＿」「巴里」、「㊳＿＿＿」「羅馬」、「㊴＿＿＿」「沙翁」等

外来語を片仮名で書くという慣習は新井白石の『西洋紀聞』に始まるものですが、それが一般的な表記として広がっていくのは大正期以降のことです。

外来語の漢字表記

明治期は外来語であっても、漢字で表記されることがあります。山田俊雄氏が『風俗画報』における明治20年代以降の外来語の表記を調べたところ、主に2つの方法がありました。

（15）漢字を主体として、振り仮名をほどこすもの。

輪環飾（アーチかざり）、巻煙草（「㊵＿＿＿」）、瓦斯（「㊶＿＿＿」）、理髪師（バアブル）、麦酒（「㊷＿＿＿」）。

（16）まったく片仮名だけで表記されるもの。

「㊸＿＿＿」、「㊹＿＿＿」、パラフィン、アルミ、ネル、モルモット。

漢字表記されたものには「㊺＿＿＿」な語彙が多く、片仮名だけで表記されるものには、「㊻＿＿＿」な語彙が多いようです。

なお、固有名の表記は、「大不列顛」（グレートブリテン）、「和蘭」（「㊼＿＿＿」）のように中国語で早くから漢字表記されたものはそれを踏襲しましたが、それ以外のものは「㊽＿＿＿」、「㊾＿＿＿」のように片仮名で表記されました。

なお、明治30年代に近づくにつれて、（15）の語彙も漢字のみの表記か、片仮名のみの表記に落ち着いていきました。

> **解説**
>
> 『西洋紀聞』
> 1725（享保10）年頃成立。新井白石著。江戸中期の外国地誌。西洋諸国の歴史・地理・風俗とキリスト教の大意等を記しています。
>
> 『風俗画報』
> 1889（明治22）年〜1916（大正5）年。日本初のグラフ雑誌、風俗研究誌。

第23講　現代にも起こっている変化

時代背景

　第二次世界大戦の終了から現在までの時期を【_1_____】とよびます。この期間、経済成長が進み、大衆的・国際的な文化が発達を見せました。「_2_____」放送が1953（昭和28）年にはじまり、1960年以降のめざましい普及を通して、1980年代には普及率が98％に達しました。このような「_2_____」、「_3_____」、「_4_____」といった「_5_____」の発達は、国民の生活様式を均質化する役割を果たしました。「_6_____」の大衆化も進み、1970年代には「_7_____」の進学率が90％を超えました。「_8_____」進学率も1970年代後半には30％を超え、2009（平成21）年には50％を超えています。

　また、「_9_____」（パーソナルコンピュータ）の導入が進み、「_10_____」や「_11_____」等、個人がもつ連絡ツールが発達するといったように、新たな形のコミュニケーションが生まれています。

現代語における変化

　現代でも広まりつつある言語変化がいくつか報告されています。

　音声の面では、「_12_____」が衰退しています。また「_13_____」が広まり、もともとド<u>ラ</u>ム、バ<u>イ</u>クという発音だった語彙が、<u>ド</u>ラム、<u>バ</u>イクというように平板な発音がなされるようになっています。

　新しい表現の面でも、もともと東海地方の方言だった「_14_____」が東京でも広まりつつあり、また「違う」の新しい活用形として、テ形「_15_____」、過去形「_16_____」という形が用いられるよう

▶注
井上史雄（1998）『日本語ウォッチング』岩波新書

になっています。

　また、語彙の面では、外来語が急激に増加しています。雑誌の語彙調査を見ると、1956（昭和31）年には異なり語数の約「₁₇____」％だった外来語の割合が、1994年には約「₁₈____」％へ増加しています。その結果、「パーティー」「フォーク」等、もともと存在していなかった音節が定着したり、「₁₉_____」「₂₀_____」等の「₂₁_____」が作られたりするといった影響が見られます。

現代仮名遣い

　戦後、それまでの歴史的仮名遣いが見直され、「₂₂_____」をめざした仮名遣いが採用されました。現在の基準は1986（昭和61）年に公布された「₂₃_____」であり、法令・公用文書・新聞・雑誌・放送・教科書の仮名遣いのよりどころとなっています。

　「₂₃_____」で定められていることを確認しましょう。

① 拗音「ゃ、ゅ、ょ」、促音「っ」は、「₂₄____」にする。
② 助詞の「を」「は」は、それぞれ「₂₅__」「₂₆__」と書く。
　　例：本を読む。／今日は日曜です。
③ オ列の長音は、「おとうさん」、「おうぎ」（扇）のように、基本的にオ列の仮名に「₂₇__」を添える。ただし、歴史的仮名遣いでオ列の仮名に「₂₈__」または「₂₅__」が続くものは「₂₉____」（氷・郡）（歴史的仮名遣いでは「₃₀____」）のように、オ列の仮名に「₃₁__」を添えて書く。
④ 四つ仮名は基本的に「₃₂__」「₃₃__」で書く。ただし、「₃₄_____」（縮む）、つづみ（鼓）のように同音の連呼によって生じた「ぢ」「づ」、「₃₅_____」（鼻血）、「₃₆_____」（竹筒）のように2語の連合によって生じた「ぢ」「づ」はそれぞれ「ぢ」「づ」で書く。

ら抜きことば

現代語で用いられる可能表現の形を整理しておきましょう。

動詞の活用	未然形＋（ら）れる	可能を表わす形
五段活用（「書く」）	37_____ kak-areru	38_____ kak-eru
上一段活用（「起きる」）	39_____ oki-rareru	40_____ oki-reru
下一段活用（「食べる」）	41_____ tabe-rareru	42_____ tabe-reru
カ変活用（「来る」）	43_____ ko-rareru	44_____ ko-reru
サ変活用（「する」）	できる　*せられる	

可能表現の形には、動詞に「45_____」(-(r)areru)を接続するものと、新しく生み出された可能を表わす形があります。「46_____」動詞、「47_____」動詞、「48_____」動詞では、可能を表わす形は未然形＋「られる」から「ら」を抜いた形に見えるので、「49_____」とよばれています。この形式は、現代の話しことばでは一般的なものとなっていますが、規範的な形式ではないと考えられており、新聞やテレビのニュース等では避けられる傾向にあります。

五段動詞の可能を表わす形（可能動詞）は、早いものは【50_____】に見え、【51_____】には幅広い動詞で形成されるようになりました。その後、少なくとも【52_____】初期頃には他の活用の動詞によるら抜きことばの否定形「来れない」「見れない」等が用いられていたという記録があります。

「ら抜きことば」が形成されたのは、助動詞「られる」の意味（「53_____」「54_____」「55_____」「56_____」）の過重負担を避けるためだと考えられます。ら抜きことばは多くの意味をもつ助動詞「られる」から「56_____」の意味を分担するために生まれた形式だと考えられます。

▶注
中村通夫（1953）「「来れる」「見れる」「食べれる」等という言い方についての覚え書」『金田一京助博士古稀記念言語民俗論叢』三省堂

さ入れことば・れ足すことば

　現在起こっている言語変化として「さ入れことば」と「れ足すことば」があげられます。

　「さ入れことば」とは五段動詞が「～せていただく」等に接続する時に「さ」が過剰に挿入される現象です。下一段動詞「食べる」を例にして考えると、使役の形は「57　　　　　　」、「～せていただく」への接続は「58　　　　　　　」となり、「さ」が入ります。一方、五段動詞「書く」の使役の形は「59　　　　　」で、「～せていただく」に接続すると「60　　　　　　　」となるのが基本の形です。ところが、五段動詞で「61　　　　　　　　」という語形をつくりだしてしまうことがあります。これは、基本の形よりも「さ」が過剰に挿入されているので「さ入れことば」とよばれます。「さ入れことば」を用いる話者には、「さ」が余計に入ると丁寧に感じられる、という意識があるようです。

　また、「れ足すことば」とは、「62　　　　　」で可能を表わす時に、可能動詞にさらに「63　　　」「（ら）れる」を接続させる現象です。たとえば、五段動詞「書く」の可能動詞形は「書ける」ですが、それに「63　　　」「れる」を接続させて、「64　　　　」という語形をつくりだす、というものです。これは「65　　　　　」に「66　　　」を接続させると可能形になるという規則を「62　　　　」の可能動詞にも適用した結果と見られます。なお近年では、「65　　　　　　」の可能を表わす形にさらに「れる」を接続させて「67　　　　　　」ということば遣いが聞かれることもあります。

　いずれももとの表現では丁寧さや可能の意味が足りないという意識が働き、「れ」や「さ」を付け加えたと捉えることができます。このように正しい表現をつくろうとしてかえって誤った表現をつくりだしてしまうことを「68　　　　　　」といいます。

第23講　現代にも起こっている変化　101

第24講　「標準語」はつくられた？

〈参照〉
『日本大文典』＝第13講。

室町時代末期・江戸時代初期の「標準語」

　1604（慶長9）年に、宣教師「₁　　　　　　　　」は『₂　　　　　　　』を記しました。その中では当時の日本語の地域差について、以下のような記述があります。

（1）　話し言葉に於ける真実の日本語は都で公家や貴族の用ゐるものであって、さういふ人々の間に純粋にして正確な言ひ方が保存されて居り、それから遠ざかったものはすべて粗野であり欠陥であると観得るといふことを注意しなければならない。又立派で上品な言葉は古語である。

（2）　ある国々に特有な言ひ方や発音の訛に就いて
　　　日本の或国々には多くの特有な言ひ方や言葉があって、それを'国郷談'と言ってゐるが、ある国又は地方に特有な言葉といふ意味である。発音に関しても亦多くの訛がある。これらのものは、この国語に於いては粗野であり有害でもあるから、それを理解し、さうして避ける為に知って置かねばならない。

　これらの記述からは、地域でいえば「₃　　　」のことばが「正確」で、他の地域のことばは「₄　　　　　　　　　　」もの、また、「₅　　　」で「₆　　　　　」べきものと考えられていることがわかります。

　『₂　　　　　　　』であげられている例を確認しましょう。

① 　都：「₇　　　」─東国語：「₈　　　」

（3）　打消には Nu（ぬ）の代りに Nai（ない）を使ふ。例へば、Aguenai（上げない）、Yomanai（読まない）、Narauanai（習は

ない）、Mŏsanai（申さない）、など。

② ワ行四段動詞の音便…都：「₉___」音便—東国語：「₁₀___」音便

（4）Narai（習ひ）、Farai（払ひ）、Curai（喰らひ）などのやうに、Ai（アひ）に終る第三種活用の動詞では、Atte（アって）に終る書き言葉の分詞形を用ゐる。例へば、Farŏte（払うて）、又は、Faraite（払ひて）の代りに、Faratte（払って）、Narŏte（習うて）の代りに Naratte（習って）、Curŏte（喰らうて）の代りに Curatte（くらって）、Cŏte（買うて）の代りに Catte（買って）といふなどそれである。

③ セの発音…都：「₁₁___」—東国語「₁₂___」

（5）Xe の音節はささやくやうに Se（セ）、又は ce（セ）に発音される。例へば、Xecai（世界）の代りに cecai といひ、（略）

④ 形容詞の連用形…都：「₉___」音便—東国語：「〜く」

（6）Ay（アい）、Ey（イい）、Iy（イい）Oy（オい）Vy（ウい）に終る形容動詞において、Yô（良う）、Amŏ（甘う）、Nurŭ（緩う）などの如く、ô（オう）ŏ（アう）、ŭ（ウう）、に終る語根の代りに、Xiroqu（白く）、Nagaqu（長く）、Mijicaqu（短く）などの如く書き言葉の Qu（く）に終る形を用ゐる。

江戸語の形成

徳川家康が 1590（天正 18）年に入国した当時は、江戸は関東の一村にすぎませんでした。その後、徳川家の家臣や諸国の商人・職人を集め、次第に江戸は栄えていきます。その中で江戸語が形成されていくのですが、その時期は大きく分けて3期に説明されます。

① 第一次形成：【₁₃___】期（1624–1644 年）。初期の江戸のことばは、諸国の方言が雑居している状態でしたが、この頃に共通語としての「₁₄___」のことばが成立しました。

② 第二次形成：【₁₅___】【₁₆___】期（1751–1772 年）。この頃は

▶注
小松寿雄（1985）『江戸時代の国語 江戸語』東京堂出版

武家・町人も含む住人全体に江戸の共通語というべきものが生まれました。

③ 第三次形成：宝暦以降、江戸町人の分化、抗争が激化し、町人間の階層によることばの分化も起こりました。その中で「17_____」の人々に多い江戸訛りが江戸語の特色となっていきます。上方語的要素が衰退し、東国語的要素が組み込まれることで【18_____】【19_____】期（1804–1830年）に江戸語が一つの頂点に達します。この時期が第三次形成です。この時期は、江戸が政治・経済の面において名実ともに中央として実力を得た時代です。

このようにして整備されてきた江戸語は、階層によることばの分化が大きいものでした。江戸時代の滑稽本『20_____』を見ると、既婚女性の呼称が「ご新造さん」（上）・「おかみさん」（中）・「お〜さん」（下）と、呼ばれる人の階層によって分かれている、連母音の融合は下層の人のほうに見られやすい等、階層に応じた言葉の違いが確認できます。

〈参照〉
『浮世風呂』＝第15、18講。
連母音の融合＝第16講。

近世の方言辞書

近世には地域間の移動の困難さから、各地の方言差が広まったと考えられています。そこで、京都・江戸のことばと地方のことばを比較する方言書が編まれました。たとえば1720（享保5）年に編まれた『21_____』は庄内方言と江戸語を、1748（寛永元）年の『22_____』は尾張方言と京阪語・江戸語を、1790（寛政2）年の『23_____』は盛岡方言と江戸語を比較しています。また、1775（安永4）年の『24_____』は全国のことばと京阪語・江戸語を比較しています。

標準語の形成

▶注
野村剛史（2013）『日本語スタンダードの歴史―ミヤコ言葉から言文一致まで―』岩波書店、真田信治（1991）『標準語はいかに成立したか』創拓社

近世には各地の方言差が広がる一方で、講義・説教・道話の場面では地域を越えて広く理解される共通語的なことば、公用語的なことばが存在していたと考えられています。身近な話を教訓とした講義である

「25_____」の例として、中沢道二の語り口調を見てみましょう。

（7）皆人の為に命を捨て御助けなさつてござるけれど、其功徳をしらぬ故、怨は知れ共恩はしらぬ。平等智は得るとも、差別智は得がたしとは、焉の事じや。　　　　　　（道二翁道話）

さらに、明治期に入り、国民国家を目指そうとする中で、一つの標準的な日本語の必要性が叫ばれるようになりました。そこで、1902（明治35）年には文部省の中に「26_____」が設置され、標準語の選定へ向けて、調査がおこなわれました。ただし、調査が開始された時期に、すでに岡野久胤が「言文一致のとるべき標準語は（中略）東京の社会一般に通用する言語即ち中流社会の男子の言語を採る」と述べていたように東京の「27_____」のことばを標準語とすることが望ましいと考えられていました。その後、「26_____」の研究成果の一つ『28_____』『29_____』によって東京語を標準とする方向性が正式に打ち出されました。「30_____」が担当した『29_____』にはどのように記してあるか、見てみましょう。

（8）東京わ、今わ、皇居もあり、政府もある所で、全国中の者が、追々、東京言葉を真似てつかうようになつて来て居るから、東京言葉を、日本国中の口語の目当とするがあたりまえのことと思う。しかしながら、東京言葉と云つても、「31_____」者にわ、訛が多いから、それは採られぬ。そこで、東京の「32_____」人の言葉を目当と立て、そうして、其外でも、全国中に広く行われて居るものを酌み取つて、規則を決めた。

このような標準語は1904（明治37）年より使われ始めた「33_____」や1925（大正14）年に開始された「34_____」を通じて普及していきました。また、地方では、方言が標準語の普及を阻害するものだと捉えられ、「35_____」が起こりました。

解説

『道二翁道話』
1795（寛政7）年。中澤道二の道話を編集したもの。道話とは心学者がわかりやすい道徳を伝えようとした話のことです。

▶注

岡野久胤（1902）「標準語に就て」『言語学雑誌』3-2、冨山房

第25講 発音の変化のおさらい

母音の変化

解説
★がついているハ行音は、語中の音がハ行転呼音としてワ行音と合流しました。

	ウ	★フ	ワ	★ハ	イ	ヰ	★ヒ	オ	ヲ	★ホ	ヱ	★ヘ	江	エ
上代	u	pu	wa	pa	i	wi	pi	o	wo	po	we	pe	je	e
中古*（平安初期?）	u	φu	wa	φa	i	wi	φi	o	wo	φo	we	φe	je	e
中古（11世紀頃）	u		wa		i	wi		o		wo		we		je
中世	u		wa		i				wo				je	
現代	u		wa		i			o					e	

*ハ行音が[p]→[Φ]に変化する時期については諸説あります。
江：ヤ行のエ

〈参照〉
上代特殊仮名遣い＝第3講。

解説
「子ども」のコは甲類、「心」のコは乙類です。

上代には、「_1_____」と呼ばれる仮名の書き分けがありました。例えば、「子ども」の「コ」は「_2___」や「_3___」と書かれますが、「心」の「コ」にそれらを用いることはなく、「_4___」や「_5___」を用いるというように、「_6_____」が書き分けられていました。この書き分けは「_7__・_8__・_9__、_10__・_11__・_12__、_13__・_14__・_15__・_16__・_17__・_18__・_19__」にあり、当時、それらの音節に2つの発音があったことを反映しています。平安時代になるとそれらの音の区別はなくなりましたが、「_13___」の区別のみは『_20_____』等、平安初期の文献まで残りました。

〈参照〉
あめつち・たゐに・いろは＝第7講。

また、上代特殊仮名遣いを見ると、「_21__」行の「_22___」と「_23__」行の「_22__」、ア行の「_24__」とワ行の「_25__」もそれぞれ同様の仮名の区別があります。これも上代では発音の区別があったことを

示しています。

「₂₁___」行の「₂₂___」と「₂₃___」行の「₂₂___」は【₂₆___】世紀には合流しつつあったと考えられています。これは、「あめつち」には「「₂₇___」慣れ居て」という一節があり、ア行のエ（「榎」）とヤ行のエ（「枝」）がともに見られますが、「たゐに」「いろは」ではそれらの区別がないためです。「₂₁___」行のエと「₂₃___」行のエは、合流して [je] で発音されるようになりました。

また、11世紀にはア行の「₂₄___」とワ行の「₂₅___」が合流し、[wo] で発音されるようになったと考えられています。合流後の発音は、室町時代のキリシタン資料において、オが「₂₈___」、エが「₂₉___」で表記されていることから推定されています。その後、近世にエは [e]、オは [o] で発音されるようになりました。

また、現代語のオ列長音は、古代語では異なる音でした。たとえば、孝（カウ）と功（コウ）はもともと仮名の通りに発音されていましたが、キリシタン資料では、孝は「₃₀___」、功は「₃₁___」と表記に違いがありました。「ŏ」は「₃₂___」、「ô」は「₃₃___」とよばれています。

しかし、【₃₄___】にはこれらの発音は合流し、同じ「コー」という「₃₅___」で発音されるようになりました。

〈参照〉
連母音の融合と開合の区別
＝第16講。

子音の変化

古代語から現代語にかけて、音の変化が起こっている行があります。ここではサ行・タ行・ハ行の子音について見ていきましょう。

① サ行音

	さ	し	す	せ	そ
古代	ツァ [tsa]	ツィ [tsi]	ツ [tsu]	ツェ [tse]	ツォ [tso]
中世	サ [sa]	シ [ɕi]	ス [su]	₃₆___ [ɕe]	ソ [so]
現代	サ [sa]	シ [ɕi]	ス [su]	セ [se]	ソ [so]

第25講　発音の変化のおさらい

古代語のサ行音は「＿＿＿37＿＿＿」音で発音されていました。このことは、現代語で「＿＿＿＿38＿＿＿＿」とされることの多いすずめの鳴き声が「＿＿＿39＿＿＿」と表記されている（『色葉字類抄』『名語記』）こと等から推定されています。

室町時代のキリシタン資料では、サ行音は「sa・＿40＿・su・＿41＿・so」、「しゃ」・「しゅ」・「しょ」の音節は「xa・xu・xo」と表記されます。つまり、「し」・「せ」と「しゃ」・「しゅ」・「しょ」が同じ子音で書かれています。ここから、中世後期当時にはサ行音は「＿＿＿42＿＿＿」音であったこと、また「し」は現代語と同じ [ɕi]、セは [ɕe]（現代語の「＿＿36＿＿」）だったということがわかります。ザ行も同様に中世後期では「ザ・ジ・ズ・＿43＿・ゾ」という発音でした。

その後、近世に「せ」・「ぜ」は現代語と同様の [se] [ze] という発音になりました。

② タ行音

	た	ち	つ	て	と
古代	タ [ta]	＿44＿ [ti]	＿45＿ [tu]	テ [te]	ト [to]
中世	タ [ta]	＿46＿ [tɕi]	＿47＿ [tsu]	テ [te]	ト [to]
現代	タ [ta]	チ [tɕi]	ツ [tsu]	テ [te]	ト [to]

タ行は、古代語では [ta・ti・tu・te・to] の発音をしていたと考えられます。【＿48＿】末期から【＿49＿】時代にかけてチ・ツは「＿＿37＿＿」音となりました。【＿49＿】時代のキリシタン資料では「ta・＿50＿・＿51＿・te・to」と表記されており、「ち」「つ」が「た」「て」「と」と異なる表記になっているため、「＿＿37＿＿」音であることがわかります。

③ ハ行音

最後にハ行を見ましょう。ハ行は、上代では「＿52＿」音 [p] で発音されていたと考えられています。これについては現代における方言に残る発音や他の行の清濁の対立を観察することでわかります。

解　説

『色葉字類抄』
橘兼忠（編）。12世紀に成立した日本語辞書。

『名語記』
1268（文永5）年に成立した語源辞書。

古代語のサ行について、一部の音は摩擦音だったという説もあります。

	は	ひ	ふ	へ	ほ
古代	₅₃___ [pa]	ピ [pi]	プ [pu]	ペ [pe]	ポ [po]
中世	₅₄___ [ɸa]	₅₅___ [ɸi]	₅₆___ [ɸu]	フェ [ɸe]	フォ [ɸo]
現代	₅₇___ [ha]	₅₈___ [çi]	₅₆___ [ɸu]	へ [he]	ホ [ho]

まず、カ・ガ行では清音［k］「₅₉____」―濁音［g］「₆₀____」、サ・ザ行では清音［s］「₆₁____」―濁音［z］「₆₂____」と、清濁の対立は無声音と有声音の対立によるものですが、ハ行では、［p］「₆₃____」と［b］「₆₄____」が対立をなすことから、ハ行の古来の発音は「₅₂___」音［p］だったと推定されるのです。

その後、11世紀初頭までに［p］の音の閉鎖が弱くなり、「₄₂____」音［ɸ］（現代のファ・フィ・フ・フェ・フォ）になりました。さらに11世紀中頃には、「₆₅_____」が起こっており、語中・語尾のハ行音はワ行に合流しています。

室町時代のキリシタン資料では、ハ行は「fa・fi・fu・fe・fo」と記されています。つまり当時の発音は「₅₄___・フィ₅₆___・フェ・フォ」という「₆₆___」摩擦音だったと考えられます。

さらに、『₆₇_____』の記述や朝鮮資料『₆₈_____』によれば、18世紀には「は」「へ」「ほ」が［h］音になっていたと考えられます。

IPA（国際音声字母）の記号

	両唇音	唇歯音	歯音	歯茎音	後部歯茎音	歯茎硬口蓋音	硬口蓋音	軟口蓋音	両唇軟口蓋音	口蓋垂音	声門音
破裂音	p b			t d			c ɟ	k g			ʔ
鼻音	m	ɱ		n			ɲ	ŋ		N	
震え音				r							
弾き音				ɾ							
摩擦音	ɸ β	f v	θ ð	s z	ʃ ʒ	ɕ ʑ	ç ʝ	x ɣ			h ɦ
破擦音				ts dz	tʃ dʒ	tɕ dʑ					
接近音（半母音）							j	ɯ	w		
側面接近音（側面音）				l							

記号が対になっているところは右側が有声。1つしか記号がない場合は有声。日本語に関連するところのみを抽出し、それに合わせて表も一部変更した。

解　説

『音曲玉淵集』
1727（享保12）年刊。三浦庚妥（つぐやす）による謡曲の謡い方の説明書。

『改修捷解新語』
1748（延享5、寛延元）年刊。朝鮮の日本語学習書。

▶注
猪塚恵美子・猪塚元（2003）『日本語の音声入門　解説と演習』バベルプレス

第26講 「おほね」から「だいこん」へ

漢語の増加

① 上代

　漢文は上代以前に中国からもたらされました。

　上代の文献に見られる語彙はほとんどが和語であり、たとえば『万葉集』で漢語の占める割合は0.3%と非常に少ないものです。しかし、漢語が全くないわけではなく「布施」「法師」等の仏教用語や、「₁　　　」、「₂　　　」、胡粉、経台等、物の名前が取り入れられています。

　また、日本固有の語のように見える「₃　　　」や「₄　　　」、馬、梅（中国由来）、寺、味噌（朝鮮由来）等も、実は漢語です。そして、「₅　　　」「₆　　　」等は漢語を訓読して生まれたものとされ、さらに「₇　　　」「₈　　　」等の和漢混合の語もあります。

　以上から、割合は非常に少ないものの、漢語が日本語の中に少しずつ取り込まれていることがわかります。

② 中古

　中古以降、「₉　　　」の流行や「₁₀　　　」の興隆により漢語が増えていきます。『枕草子』では、その語彙の「₁₁　　　」%が漢語とされています。中古の漢語には、仏教用語や「₁₂　　　」「₁₃　　　」、宮廷における「₁₄　　　」や「₁₅　　　」、および大陸から新しく伝えられた建築・音楽・嗜好品の用語等があります。

　　（1）仏教用語：講説、加持、功徳、作法、精進、等
　　（2）官職、宮廷の制度・行事：学生、官人、元服、除目、宣旨、等
　　（3）その他：気色、雑事、消息、子細、本意、無礼、面目、等

③ 中世

　中世では世相を反映し庶民への「₁₀　　　」の布教がいっそう進みま

した。また、武士階級が勢力を得たこともあり、漢語の一般化、日常語化が進みました。『平家物語』では約「₁₆　　　」の語彙が漢語です。

④　近世・近代

　近世でも漢語は多く用いられ、漢語を形容詞化した「ひどし（←非道）」、動詞化した「れうる（←料理）」等が見られます。

　その後近代、特に明治時代には西洋から新しい文化が流入したのに伴い、翻訳による漢語が急増します。ただし、大正期にはそのブームも落ち着き、氾濫した漢語が淘汰されていきます。

〈参照〉
新漢語＝第22講。

漢語の日常語化―和製漢語・湯桶読み・重箱読み

　漢語の普及に伴い、当て字（「馬鹿」「立派」「不図」）、「₁₇　　　」が多く見られるようになりました。また、漢字音と和語を交ぜて用いることもあり、「₁₈　　　」読み・「₁₉　　　」読み等が多く見られるようになりました。このような現象はすでに【₂₀　　　】から見られていましたが、時代を下るごとに増加しています。

　「₁₇　　　　」の例を以下で見てみましょう。

　　（4）　大根（だいこん←「₂₁　　　」）、返事（へんじ←「₂₂　　　」）、火事（かじ←「₂₃　　　」）

「₁₈　　　」読み・「₁₉　　　」読みの例には以下のようなものがあります。

　　（5）　「₁₈　　　」読み：前の字を音で読み、後ろの字を訓で読むもの。例：縁側、楽屋、座敷、本屋、毎年、両替

　　（6）　「₁₉　　　」読み：前の字を訓で読み、後ろの字を音で読むもの。例：宛字、赤本、荒武者、大勢、小僧、手本

　これら「₁₇　　　」、「₁₈　　　」読み・「₁₉　　　」読みの存在は、漢語が日本語の中で一般的に用いられるようになったことを物語っていますね。

漢語の日本語化

漢語も日本語の中に取り入れられたことにより、音声・文法上の変化を受けることがあります。

① 音声

（7）「＿＿24＿＿」化：格子（かくし→かうし→コーシ）、勘事（かんじ→かうじ→コージ）

（8）「＿＿25＿＿」化：屠蘇（とそ→とうそ）、牡丹（ぼたん→ぼうたん）（いずれも中古の読み方）

（9）韻尾「＿26＿」の脱落：顕証（けんそう→けそう）、案内（あんない→あない）

（10）「＿18＿」読み・「＿19＿」読みの発生

② 文法

1. 動詞をつくる

（11）漢語＋サ変動詞「＿27＿」：「＿＿28＿＿」、「＿＿29＿＿」、御覧ず、論ず、等

（12）そのまま動詞化：「＿＿30＿＿」「騒動く（さうどく）」（カ行四段動詞）、「懸想ぶ（けさうぶ）」（バ行四段動詞）、等

例：さまざまに装束き（しやうぞき）集まりて、二車（ふたくるま）ぞある。（蜻蛉日記）

（13）漢語＋「＿＿31＿＿」：気色（だつ／ばむ）、懸想（だつ／ばむ）、上衆めく（じやうずめく）、等

2. 形容詞をつくる

（14）漢語＋「＿＿＿32＿＿＿」：執念し（しふねし）、美美し（びび し）、仰々し、等

（15）漢語＋「＿＿33＿＿」：「＿＿34＿＿」（訳：「可愛い、いたわしい」←漢語「＿35＿」＋「いたし」（「はなはだしい」の意味）が変化したもの）、「＿＿36＿＿」（訳：「＿＿37＿＿＿」←漢語「術」（呉音で「＿＿38＿＿」）＋「なし」）

3. 副詞にする：随分に、猛（まう）に、実に、一段と、等

解 説

『蜻蛉日記』
10世紀後半の成立。藤原道綱母による日記。

訳

（12）さまざまに着飾った人たちが大勢、車二台で訪れてきた。

(16)　Zuibunni トトノエマラセウズ　　　　　　　　（日葡辞書）

訳
(16) 私が十分に用意しましょう、または、十分よく取り計らいましょう。

漢字音

漢字音には大きく分けて、以下の3つの区別があります。

① 「_39_」音：【_20_】以前に伝来しました。ただし、伝来の契機・経路・時期等は必ずしも明らかではありません。おおよそ400–600年頃の中国音に由来しているとされます。「_39_」音は仏教とともに伝来した音なので、「_40_」（礼拝）、「_41_」（修行）等、「_10_」用語に多く残っています。

② 「_42_」音：上代末から中古初期に伝来しました。中国の唐代中期の長安付近の音が起源とされます。漢音は伝来当時の中国の正当な音であると認識されたため、朝廷によって推奨され「_43_」を読む際に用いられました。しかし、すでに定着していた「_39_」音を完全に排することはできず、「_39_」音と「_42_」音は近世まで併用されます。漢語の中には近世・近代になって「_39_」音読みから「_42_」音読みへ変わった語彙も多数あります。たとえば「女性」は「_44_」から「_45_」へ、「言語」は「_46_」から「_47_」に変わりました。

③ 「_48_」音：【_49_】以降に伝来しました。禅宗僧侶、通事等、一部の人々に用いられただけで、一般にはあまり影響を与えませんでした。しかし、「饅頭(まんじゅう)」「素麺(そうめん)」「布団(ふとん)」「行灯(あんどん)」等、一部の語彙は広く用いられています。

また、「_50_」音といって、日本で用いられている間に語形が変化してしまい、呉音・漢音とは異なる音が定着したものもあります。固執の「_51_」や早急の「_52_」は、中国語の漢字音の末尾「-p」の音が変化しました。また、消耗の「_53_」は、もともと中国語では「_54_」と読まれていましたが、「毛」の読みから類推され、日本で「_53_」と読まれるようになりました。

第26講 「おほね」から「だいこん」へ

第27講 日本語の分析的傾向

日本語の分析的傾向

古代語と現代語の推量表現を比べてみましょう。

(1) 花咲かむ ＝花が咲く「$_1$_____」

(2) 花咲きけむ ＝花が咲い「$_2$_____」

(3) 花咲くらむ ＝花が咲い「$_3$_____」

古代語の推量の助動詞「けむ」は「$_4$____」＋「推量」、「らむ」が「$_5$____」＋「推量」と、これらの助動詞は「時間＋推量」をひとつの形式で示しています。しかし、現代語では推量はすべて「$_1$_____」が担っており、それに時間的表現として過去の「た」、現在（継続）の「ている」を組み合わせるという表現構成となっています。

このように、古代語では複雑な意味機能を一つの形式で担わせていましたが、現代語では単純な表現形式の組み合わせによって、意味を組み立てる傾向にあります。この傾向は近代語の「$_6$_____」とよばれています。他にも以下のような例があります。

▶注
田中章夫（1965）「近代語成立過程にみられるいわゆる分析的傾向について」『近代語研究』1、武蔵野書院

① 助動詞「う」「よう」の終止法は、近世までは意志と「$_7$____」を表わしたが、現代語では意志だけを表わし、「$_7$____」の意味は「だろう」で表わすようになった。

② 「まい」の終止法は「打消意志」「打消推量」等を表わす助動詞として用いられていたが、現代語では「～ないようにしよう」「～ないだろう」という表現をとり、「$_8$____」の表現と意志・推量の表現を分けている。

③ 江戸語の「打消の過去」は、助動詞「$_9$_____」によって表わされたが、現代語では、打消と過去の助動詞を組み合わせた「$_{10}$_____」という形で表わされている。

論理的な表現へ―条件表現

古代語では、主な条件形式として「_11_____」と「_12_____」の2種類があります。一方、現代語の条件表現には、「たら」「なら」「ば」「と」「ので」等があります。意味のうえでの対応を見てみると、古代語では「_11_____」で表わされる用法には「_13___」「_14___」「_15___」、「_12_____」で表わされる用法には、「_16___」「_17___」「_13___」が対応します。『万葉集』の例と現代語を対比させてみましょう。

▶注
阪倉篤義（1993）『日本語表現の流れ』岩波書店

（4） 後れ居て恋ひば苦しも 朝狩の君が弓にもならましものを
　　　（＝あとに残って「_18_____」さぞ辛いでしょうね）
　　　　　　　　　　　　　　　　　　　（万葉集、巻14、3568）

（5） 浜辺より我が打ち行かば海辺より迎へも来ぬか海人の釣舟
　　　（＝浜伝いに我らが「_19_____」迎えに来てくれないかな）
　　　　　　　　　　　　　　　　　　　（万葉集、巻18、4044）

（6） 否と言はば強ひめや我が背（＝いやだと「_20_____」逢うのを無理強いしましょうか）　　（万葉集、巻4、679）

（7） 東の野にかぎろひの立つ見えてかへり見すれば月傾きぬ
　　　（＝「_21_____」月が傾いていた）
　　　　　　　　　　　　　　　　　　　（万葉集、巻1、48）

（8） 寒くしあれば　麻衾引き被り（＝「_22_____」麻ぶとんをひっかぶり）　　（万葉集、巻5、892）

（9） 常陸なる浪逆の海の玉藻こそ引けば絶えすれあどか絶えせむ
　　　（＝「_23_____」切れるものだが）
　　　　　　　　　　　　　　　　　　　（万葉集、巻14、3397）

古代語では「ば」というひとつの助詞が、場合に応じてさまざまな意味を表わしていたのですが、次第にそれぞれの意味に応じた「_13_____」「_14_____」「_16_____」等の形式が生み出されてきました。古代語か

第27講　日本語の分析的傾向　　115

ら近代語にかけて、前半部分と後半部分の「₂₄　　　　」を形のうえに明確に示すようになってきたという変化であるといえます。

文法化

ことばの変化においては、「₂₅　　　」「₂₆　　　」「₂₇　　　」といった概念的意味をもつ語が、「₂₈　　　」「₂₉　　　」「₃₀　　　」といった文法的機能を担う語になることがあります。このことを「₃₁　　　」といいます。

① 動詞からの文法化：テ形補助動詞

(10) 太郎の引っ越しを{手伝ってあげた／手伝ってくれた／手伝ってもらった}。(「₃₂　　」の授受を表わす動詞「あげる」「くれる」「もらう」等から「₃₃　　　」の授受を表わす形式をつくる。)

(11) 太郎はごはんを{食べている(食べてる)／食べておる(食べとる)／食べてある}。(「₃₄　　　」から「₃₅　　　」表現を形成する。)

(12) バスに乗る前に酔い止めを飲んでおく。(動詞「置く」からアスペクト表現を形成する。)

② 名詞からの文法化

(13) 「₃₆　　」(助詞)(←辺)

(14) 「₃₇　　　」(←様)、「₃₈　　　」(←筈)

〈参照〉
アスペクト＝第10講。

文法化の特徴

文法化には以下のように共通した特徴があります。

① 意味の漂白化

意味の漂白化とは、個別・具体的な物や動作を表わしていた語の意味が抽象・一般的なものを表わすようになることをさします。

たとえば「いる」というのはもともと「₃₉　　　」という動作を表わ

す動詞でした。それが（有生物が）「＿＿＿＿＿＿＿」という状態的な意味になり、さらに「ている」の形では時間的な意味（現代語では「＿＿＿＿＿」）になります。具体的な動作「＿＿＿＿」という概念的な意味から文法的な意味（「アスペクト」）へと変化が起こっています。

② 脱範疇化

脱範疇化とは、本来の語がもつ文法的なふるまいとは異なるふるまいをするようになることをさします。

(15) ［太郎の書いた］本だ。

(16) ［太郎が書いた］本だ。

(17) ＊［太郎の書いた］はずだ。＝太郎が［書いたはずだ］。

もともと、「はず」は「矢の末端にある弦をひっかける部分」という概念的な意味をもつ名詞でしたが、現代語では「はずだ」の形でモダリティを表わす助動詞として用いられます。「はず」が名詞なら「本」と同じように、連体修飾内の主語は「が」でも「の」でもどちらも用いることができますが、実際には、「はずだ」の場合の主語では、もはや「＿＿＿」を使うことはできません。このことから、「はず」はすでに「＿＿＿＿」としての性質がなくなり「＿＿＿＿＿」に脱範疇化していることがわかります。

〈参照〉
モダリティ＝第10講。

③ 形態的縮約

「ている」は動詞「いる」を語彙的資源としていますが、「〜てる」という形でも使われます。また、「ておる」は「＿＿＿＿＿」、「てやる」は「＿＿＿＿」というように音が短くなります。

(18) 昨日はテレビ見てた。

(19) 今、弟はテレビ見とるよ。

(20) 俺が行ったるよ。

このように文法的意味を表わすようになると使用頻度が高くなり、縮約、摩滅等の音の変化が起こることがあります。

第28講 古代語に「です」「ます」はなかった

敬語の分類

　体系的な敬語の存在は、日本語の特徴の一つです。「敬語の指針」等にも見られるように、現在では敬語を5つに分類することが一般的です。以下にまとめてみましょう。

① 「₁＿＿＿＿＿」：「社長が<u>いらっしゃった</u>」のように主語の人物を高める表現です。

② 「₂＿＿＿＿＿」：「社長を<u>お見かけした</u>」のように補語（非主語）の人物を高める表現です。

③ 「₃＿＿＿＿＿」：「明日東京に<u>参り</u>ます」のように聞き手に対して丁寧に話す表現です。

④ 「₄＿＿＿＿＿」：主にすべての文末（句末）に用いて聞き手への敬意を表わす表現です。現代語の「です」「ます」がこれにあたります。

⑤ 「₅＿＿＿＿＿」：「お菓子」「ごはん」等、聞き手に対して丁寧に述べるものです。

　それぞれの敬語は歴史的に以下のように現われてきました。

> **解説**
> 敬語の指針
> 2007年に文化審議会が答申。
>
> ▶注
> 菊地康人（1997）『敬語』講談社
>
> **解説**
> 謙譲語Ⅱと謙譲語Ⅰの違い：謙譲語Ⅱは、動作の相手が必ずしも高める人物ではありません。

各時代に見られる敬語

	1	2	3	4	5
上代	○	○	×	×	×
中古	○	○	○	△	×
中世	○	○	○	○	△
近世	○	○	○	○	○
近現代	○	○	○	○	○

素材敬語から対者敬語へ

敬語の分類のうち、話題の人物への敬語を「6_____」敬語、聞き手への敬語を「7_____」敬語とよぶことがあります（前者は「1_____」・「2_____」、後者は「3_____」・「4_____」・「5_____」にあたります）。日本語の「7_____」敬語のほとんどは、その起源を「6_____」敬語にたどることができます。ここでは対者敬語の語源を確認してみましょう。

> **解　説**
> ただし、謙譲語Ⅱは素材敬語の機能もあわせ持っているとされることがあります。

① 「はべり」はもともと「8_____」という「2_____」の意味でしたが、中古には「9_____」、「10_____」と訳せる「3_____」の意味をもっています。

（1） 国家護り仕へ奉る事の勝れたる臣たちの侍る所には表を置きて、　　　　　（続日本紀）

（2） 燕は巣くひはべる。　　　　　（竹取物語）

② 「さぶらふ」はもともと「8_____」という「2_____」の意味でしたが、中世前期には「さうらふ（そうろう）」となり「4_____」になっています。

（3） いづれの御時にか、女御、更衣あまたさぶらひたまひける中に、　　　　　（源氏物語、桐壺）

（4） 夜部何となう、世の物さわがしう候ひしを　　　　　（平家物語、少将乞請）

③ 「ます」はもともと「11_____」が起源で、「12_____」という意味を表わす「2_____」の語でしたが、「まゐらす→まらする→まっする→まする→ます」の順で語形変化が起こり、【13_____】時代には「4_____」になっています。

（5） 落ちたらば壺が割れまらせう。　　（虎明本狂言、止動方角）

上代以前には「6_____」敬語しかなかったと考えられています。そして、中古には「7_____」敬語である「はべり」や「たまふ（下二段

第28講　古代語に「です」「ます」はなかった　119

活用)」等の「₃_____」の形式が見られるようになります。また、鎌倉時代にできた「さうらふ（そうろう）」は丁寧語として用いられるようになっています。

自敬表現

古代語に特徴的な敬語の運用法として、「₁₄_____」があげられます。自分が主語の時に「₁_____」、補語の時に「₁₅_____」を用いるものです。これは、天皇および天皇に近い位の人々が用いています。

（６）〔朱雀院→弘徽殿女御〕「今は（私は源氏に）なほもとの位をも賜ひてむ。」　　　　　　　　　　　　　　　（源氏物語、明石）

（７）〔天皇の日記〕廿八日乙卯　天晴、今日新院尊号御報書、権大納言公守卿御使也、信輔朝臣奏之［朝臣が自分に奏す］、覧之置日記御厨子上、入夜関白参上、［関白が自分のところに参上する］　　　　　　　　　　　　　　　（伏見天皇宸記）

西田直敏氏は、自敬表現は"王者のことば"として、自らの存在を誇示する時に用いられていた表現であると述べています。

▶注
西田直敏（1995）『「自敬表現」の歴史的研究』和泉書院

絶対敬語から相対敬語へ

古代語では話し手と聞き手の関係にかかわらず、ある人物に対して、一定した敬語を用いる傾向にあります。これを「₁₆_____」敬語といいます。

「₁₆_____」敬語については、その存在が疑問視されることもあるのですが、現代語よりも聞き手の影響が少なく、待遇する人物の身分に応じた敬語を比較的安定して用いていたという意味では成立すると考えられています。

一方、現代語は話し手が、聞き手と話題の人物の関係を見極めて、敬語の使用・不使用を決めていきます。これを「₁₇_____」敬語といいま

「₁₇____」敬語の最たる例は、話題が社長（自社）であっても、社外の人に対しては社長に尊敬語は使用せず、謙譲語Ⅱ等を用いて話すものです。

(8) 社長に対して「今からどちらへいらっしゃるのですか？」

(9) 社外の人に対して「鈴木は今日出張で外に出ております。」

敬意逓減

敬語は用いられるうちに、丁寧さの度合いが下がり、乱暴に感じられるようになる傾向があります。このことを、井上史雄氏は「₁₈_____」とよんでいます。

▶注
井上史雄（1999）『敬語はこわくない』講談社現代新書

たとえば、江戸時代前期には「₁₉____」や「₂₀____」という敬語がよく用いられていましたが、中期には目下の動作に対して用いられるようになったり、廃れたりしていきます。なお、その時期には、新たに「₂₁____」が一般的に用いられるようになります。

また、二人称代名詞にはその傾向が顕著です。「₂₂____」という言い方は、「₂₃____」と書かれるように、中世までは敬意の高い表現でした。

ところが、【₂₄____】世紀はじめには対等な相手に用いられることばとなり、さらに近代以降は「₂₅_____」ことばとして使われるようになります。

(10) 貴様もよろづに気のつきさうなるおかたさまと見えて、一しほお尤愛しうおもふ。　　　（好色一代男、巻1）

(11) 貴様等はぬすつとうか　　　（吾輩は猫である）

その他、「おまえ」も（貴人の）「御前」、「あなた」も「あちらの方」というように、そもそも相手を直接指し示さない、婉曲的で丁寧な言い方が人称代名詞になったものです。

解　説
『好色一代男』
1682（天和2）年刊。井原西鶴作の浮世草子。

いずれも江戸時代中期には「₂₆____」もしくは「₂₇____」の人に使われていましたが、戦後、「₂₆____」・「₂₇____」の人には使いにくくなり、今は非常に親しい人や、目下の人物に使うことばとなっています。

第29講 頼み方、謝り方の歴史

発話行為

　ことばは、単に内容を伝達するためだけに用いられるのではなく、聞き手に対して働きかけたり、人間関係を調整したりするために用いられることがあります。人々がこのような目的のためにことばを用いることを「₁　　　　　」とよびます。

　この講では、聞き手に対して何らかの行動をさせようとする依頼・命令表現や、相手との人間関係の調整をおこなう謝罪表現を例に、「₁　　　　　」は歴史的にどのように現われるのかを見ていきましょう。

依頼表現に使われる言語形式

　古代語で用いられる依頼・命令表現の代表的な形式は、動詞の「₂　　　　　」形を用いた表現です。古代語では、上位者に対して依頼する時も敬語の命令形が基本であり、依頼専用の表現はもっていませんでした。

（1）［夕顔のことを聞き出させようとして］〔源氏→惟光〕「なほ<u>言ひよれ</u>。」　　　　　　　　　　　　　　（源氏物語、夕顔）

（2）〔明石入道→源氏〕「まして年月思ひたまへわたるいぶせさを、<u>推しはからせたまへ</u>」　　　　　　（源氏物語、明石）

　古代語の依頼表現では、「₃　　　　　　」に応じた敬語を使用することが優先されていたようです。藤原浩史氏は、『源氏物語』の依頼表現の使い方を以下のようにまとめています。

① 対等な（上級）貴族同士は「₄　　　　　」を使う。

② 上位者（支配者）に対しては「₅　　　　　　」を使う。

③ 下位者（従属者）に対しては「₂　　　　」形を使う。

訳
(1) もっと近づいてみておくれ。
(2) 長い年月の間思案を重ねてまいりました親の胸ふさがる気持ちをご推量くださいまし。

▶注
藤原浩史（1995）「平安和文の依頼表現」『日本語学』14-11、明治書院

④　下位者であっても、上位者の意志による者（使者等）は「₆　　　　」となる。また、相手に失礼を及ぼす場合には「₇　　　　」が付加される。

　その後、中世になると、「₈　　　　」「₉　　　　」等受益表現を用いた依頼表現が用いられるようになりました。

　　（3）〔女→童子〕「われ、この馬の口引きて給べ。」
　　　　　　　　　　　　　　　　　　　　（宇治拾遺物語、巻14）
　　（4）〔聟→教え手〕「ふるうてもくるしうござらぬ程にかしてくだされひ。」　　　　　　　　　　（虎明本狂言、引敷聟）

また【₁₀　　　】以降、依頼表現がさらに増加しています。現代語に見られる「₁₁　　　　　」「₁₂　　　　　」「₁₃　　　　　」等、受益表現「〜てくれる」「〜てもらう」「〜ていただく」や否定疑問「〜ないか」・希望「〜たい」を表わす形式を組み合わせた「₁₄　　　　」な依頼表現が形成されるのも【₁₀　　　】以降のことです。

　　（5）「いっそ元通り夫婦になってくれないかね」　　　（痴人の愛）
　　（6）「断念（あきら）めろ」と云ツて戴きたい。　　　　　　　　（浮雲）
　　（7）矢張お父さんは国の方に居て欲しい。　（桜の実の熟する時）
　　　　※「〜てほしい」が依頼表現として積極的に用いられるようになるのは【₁₅　　　】のことです。

さて、【₁₆　　　】語では「すみませんが」のように依頼を行う際には定型的な前置き表現が用いられることがあります。【₁₇　　　】では、このような定型の前置き表現は存在していませんでしたが、【₁₈　　　】にその萌芽が見られます。

　　（8）「汝はほねおりなれども、いづみのさかいへいて、何なりともめづらしひ肴をもとめてこひ」　（虎明本狂言、しびり）

このように、日本語の依頼表現では、中世頃から「₁₉　　　　」が用いられるようになり、近世以降、形式が「₂₀　　　」して、現代語

訳

(3) おまえ、この馬の口を引いておくれ。
(4) 古くても差しつかえありませんので、貸してください。

解説

『宇治拾遺物語』
13世紀前半の説話集。

『痴人の愛』
1924–1925年。谷崎潤一郎の小説。

『浮雲』
1887–1889年。二葉亭四迷の小説。

『桜の実の熟する時』
1919年。島崎藤村の小説。

注

米田達郎（2014）「室町・江戸時代の依頼・禁止に見られる配慮表現」野田尚史・高山善行・小林隆（編）『日本語の配慮表現の多様性』くろしお出版

にいたっています。談話レベルで考えても、「₂₁_____」な前置き表現が成立する等、言語上の配慮を表わすための形式が中世以降複数出現してきていることがわかります。

命令表現に使われる言語形式

主に目下の人物に用いる命令表現について、古代語で用いられる最も基本的な形式は、依頼表現と同じく動詞の「₂_____」形です。

　　（9）〔源氏→臣下〕「なにがし阿闍梨そこにものするほどならば、ここに来べきよし忍びて言へ。」（源氏物語、夕顔）

他にも、「₂₂_____」や「₂₃_____」が命令として使われることがありましたが、「₂_____」形よりも頻度は低いものでした。

　　（10）〔源氏→紀伊守〕「かの、ありし中納言の子は得させてむや。」
　　　　　　　　　　　　　　　　　　　　　　　　（源氏物語、帚木）

ところが、近世以降、古代語にはなかった新しい命令表現が見られるようになってきます。

① 厳しい命令を表わす「₂₄_____」

　　（11）〔主→冠者〕「急でいなぬか。」（虎明本狂言、ぬけがら）

② （上方）動詞連用形の形で命令を行う「₂₅_____」

　　（12）「新造様一ツのみ。」（短華蘂葉）

③ （江戸）敬語「₂₆_____」の命令形「₂₇_____」、「₂₇_____」由来の「₂₈_____」

　　（13）〔女房→次郎〕「先ちつと待な」（辰巳之園）

また、「₂₉_____」を用いた新しい命令表現も生まれました。

④ 「₃₀_____」「₃₁_____」という条件表現由来の形式（勧めを表わすことが多い）

　　（14）「そんなら先生、船できたら。」（二十四の瞳）

このように、命令表現においても、古代語よりも現代語の方が、表現形式が「₂₀_____」していることがわかります。

訳
(10) あの、いつぞやの中納言の子は、わたしに任せないか。

解説
『短華蘂葉』
1786（天明6）年刊。田宮橘庵作の洒落本。

『辰巳之園』
1770（明和7）年刊。夢中散人寝言先生作の洒落本。

命令表現「な」
なされ→なれ→ない→なとして成立しました。

『二十四の瞳』
1952（昭和27）年。壺井栄作の小説。

平安時代の謝罪・断り表現の歴史

ここでは、聞き手の依頼・申し出を断る、あるいは謝罪する表現について見ていきましょう。いずれも聞き手の体面を汚す行為であり、「32____」が必要な行為です。

古代語の謝罪表現では、現代語に見られる「33____」「34____」という「21____」な謝罪表現は見られず、「35____」がなされています。

(15) 〔継母→落窪〕「まだ幼くておのがもとにわたりたまひにしかば、わが子となむ思ひきこえしを、おのが心本性、立ち腹に侍りて、思ひやりなく物言ふこともなむ侍るを、さやうにてもや、もしものしきさまに御覧ぜられけむと、限りなくいとほしくなむ。」　　　　　　　　　　　　（落窪物語、巻3）

(16) 〔落窪父→男君〕「昨日は、しかものしはべりしかば、すなはち参らむとせしを、日暮れてなむ。ただ今参らむ。」
　　　　　　　　　　　　　　　　　　　　　　　（落窪物語、巻3）

現代語では、「言い訳をするな！」と怒られてしまいそうですね。同様の「35____」の行為は、依頼・命令に対する「36____」の発話行為でもおこなわれることがあるようです。

(17) 〔お供に呼ばれて〕「いま顔などつくろひたててこそ」とてまゐらず。　（枕草子、職の御曹司の西面の立蔀のもとにて）

(18) 〔歌を詠むことを命じられ〕「なでふにか、さばかり憂き事を聞きながら啓しはべらむ。」　　（枕草子、めでたきもの）

現代語でも断りの「21____」な表現はありませんが、「37____」とセットで用いて、「32____」をおこなうことが多いです。

人と対立しそうな場面において、古代語では「35____」を施すことによって、聞き手との関係を調整しようとしており、「21____」な謝罪表現を用いる現代語とは違いが見られます。

▶注

森山由紀子（2014）「平安・鎌倉時代の感謝・謝罪に見られる配慮表現」野田尚史・高山善行・小林隆（編）『日本語の配慮表現の多様性』くろしお出版、高山善行（2010）「中古語の〈断り表現〉について―枕草子の場合―」『語文』92・93、大阪大学、等参照。

▶訳

(15) まだ、幼くて私の手もとにいらっしゃいましたから、私はあなたを自分の子と思い申し上げたのですが、私の性質は生来立腹しやすくございまして、思いやりのない口をきくこともございましたので、そんなふうで、もしかするとあなたが私を不快にご覧あそばされただろうかと、まことにお気の毒に存じます。

(16) 昨日は（越前守が）そのように申しましたので、すぐに参上しようとしましたが、日が暮れて参上できませんでした。ただ今すぐお伺いいたします。

(17) 「ただいま、顔など整え終えましてから」といって参上しない。

(18) どうして、それほど情けないお話を承っておきながら、歌を申しあげましょうか。

第30講 こ・そ・あ

現代語の指示詞の用法

現代語の指示詞には、以下のような3系の形式が用いられています。

表1　現代語の指示詞

	指示代名詞		指示副詞
コ系	コノ・コレ・ココ	コ系	コウ・コウシテ・コンナニ
ソ系	ソノ・ソレ・ソコ	ソ系	ソウ・ソウシテ・ソンナニ
ア系	アノ・アレ・アソコ	ア系	アア・アアシテ・アンナニ

さて、これらの指示詞はどのように使われているでしょうか。

指示詞の用法を「1_____」用法・「2_____」用法・「3_____」用法に分けて見ていきましょう。

① 「1_____」用法：今、現場で目に見える、直接知覚・感覚できる対象をさします。コ・ソ・アそれぞれに直示用法があり、次のような領域「近称・中称・遠称」を指示します。

コ系：話し手の近くにあるもの・こと。「近称」

ソ系：聞き手の近くにあるもの・こと、または話し手からやや離れたところにあるもの・こと。「中称」

（1）（眼前の醤油を指差し）それ、とって！

ア系：話し手・聞き手から遠くにあるもの・こと。「遠称」

② 「2_____」用法：当該の指示表現と指示対象が同じ先行言語文脈内にあるもの・ことをさします。コ系とソ系が使われます。

（2）昨日社長に会社を辞めるって言ったけど、それはウソなんだ。

③ 「3_____」用法：過去の直接経験に関わる要素（もの・こと）で、長期的な記憶の中に対象があるもの。ア系のみがもつ用法です。

（3）（独り言）昨日のあのケーキ、美味しかったなぁ。

以上のように現代語では、コ・ソ系が「1____」「2____」用法、ア系が「1____」「3____」用法をもっています。

古代語の指示詞

では、古代語（中古）ではどうでしょうか。

区別するために、現代語は「－系」、古代語は「－系列」としておきます。

表2　古代語（中古）の指示詞

	指示代名詞		指示副詞
コ系列	コ・コノ・コレ・ココ	カク系列	カク・カヤウ
ソ系列	ソ・ソノ・ソレ・ソコ	サ系列	サ・サヤウ
カ系列（ア）	カ・カノ・カレ・カシコ（アノ・アレ・アシコ）		

現代語と古代語の大きな違いは、現代語では指示代名詞・指示副詞ともコ・ソ・アの3系でまとめられるのですが、古代語では、指示代名詞はコ・ソ・カ（ア）の3系列、指示副詞はカク・サの2系列であるということです。

なお、古代語のカク系列「カク」は「カウ」→「コウ」（コ系）へ、サ系列「サ」は「サウ」→「ソウ」（ソ系）と語形が変化していきます。「コウ」・「ソウ」になるのは【4____】であり、そして古代語では欠けていたア系「アア」が現われるのも【4____】です。これで、現代語とほぼ同じ指示体系になります。

カ行（Kの系列）とサ行（Sの系列）の対立

上代と中古の指示用法に関して、コ・カ・カク系列（すべてKで始まるのでKの系列とします）は、「今、目に見える、知覚できるもの・こと」を指示し、ソ・サ系列（すべてSで始まるのでSの系列とします）は「今、目に見えない、知覚できないもの・こと」を指示していまし

これは現代語と違い、ソ系列に「₁　　　」用法がないこと、また指示副詞に関しては「₁　　　」用法をもっていたのはカク系列だけであったことを意味しています。

なお、「アノ・アレ」等のア系列は中古に現われ、これについてもKの系列と同じく今、目に見える、知覚できるものをさすことができました。

以下に、（現代語にはない）中称の領域を指示するカ（ア）系列の例を示しておきます。

（4）また畳紙の手習などしたる、御几帳のもとに落ちたりけり。これはいかなる物どもぞと御心おどろかれて、「かれは誰がぞ。けしき異なる物のさまかな。たまへ。」（源氏物語、賢木）

訳
(4)また懐紙の手習などのしてあるのが御几帳の下に落ちている。それは誰のです。見慣れぬ変なものだが、こちらにお出しなさい。

いつソ系列は直示用法を獲得するのか

ソ系列は中世の間に用法が変化し、「₁　　　」用法を獲得したものと考えられます。

そこで、鎌倉時代に成立した『平家物語』と、その『平家物語』を当時（中世末）のことばに訳した『天草版平家物語』を対照させてみましょう。この２つを見ると中世の間に起こった言語変化が非常によくわかります。

〈参照〉
『天草版平家物語』＝第13講。

まず（5）は『平家物語』の例で、聞き手が懐から出した髑髏を「それは何？」と聞いています。

（5）ふところより白いぬのにつつんだる髑髏をひとつとりいだす。兵衛佐、「あれはいかに」と宣へば、「これこそわとのの父、故左馬頭殿のかうべよ。」（平家物語、福原院宣）

このように『平家物語』では未だ中古と同じくソ系列ではありません。それに対し『天草版平家物語』の同じ場面では（6）のように「それ」となっています。

（6）　白い布で包んだ髑髏を一つ取り出いたれば、頼朝「それは何ぞ」と問はるるに　　　　　　（天草版平家物語、巻2第9）

このようにソ系列は中世末には、「₁　　　　」用法を獲得していたと考えられます。では、指示副詞はどうでしょうか。同じく比べてみましょう。

（7）　「にッくい馬のながぐらひかな」とて、うちければ、「かうなせそ、其馬のなごりもこよひばかりぞ」とて、

（平家物語、一二之懸）

（8）　「憎い馬の長食いかな」とて打ったれば、平山「さうなしそ：平山明日は死なうぞ：その馬の名残もこよひばかりぢゃ　　　　　　　　　（天草版平家物語、巻第4第7）

（7）（8）に示すように「かう（かく）」の部分が「さう（さ）」で示されています。中古では直示用法をもっていたのはカク系列（「カク」「カウ」等）のみだったのですが、これらの例から、中世の間にサ系列「サウ」も「₁　　　　」用法を獲得していたことがわかります。この「サウ」は近世になると母音融合し、オ段長音の「ソウ」（ソ系）になります。

〈参照〉
連母音の融合＝第16講。

曖昧なソ

現代語のソ系には、特定の指示対象をもたない用法が見られます。

（9）　「お出かけですか？」「ちょっとそこまで」

これを曖昧指示表現とよびます。「₅　　　　　」・「₆　　　　　」のような慣用表現にも見られるものです。この曖昧指示表現は現代語だけではなく、古代語にも例が見られます。

（10）　それの年の師走の二十日あまり一日の日の、戌の時に門出す。　　　　　　　　　　　　　　　　　　　　　（土左日記）

（11）　僧召して、御加持などせさせたまふ。そこ所ともなくいみじく苦しくしたまひて、　　　　　　　　　（源氏物語、若菜下）

▶あとがき

30 講続いた日本語の歴史の旅、いかがでしたか。

それぞれの時代ごとに特色がありますが、人々のことばの使い方や、ことばに対する考え方は、現代と通じるように感じられたところもあったのではないでしょうか。

本書で紹介した日本語の歴史は、基礎的なところにすぎません。

日本語の歴史に興味を持った方は、さらに深く勉強してみてください。

解説や注で示した文献を、興味のあるところから実際に読んでみることをおすすめします。

▶用例出典

本書の用例は、以下のテキストを参照しました。以下に記載のないテキストは『新編日本古典文学全集』(小学館)によるものです。ただし、読みやすさのため、本文を改めたところがあります。

続日本紀:青木和夫・稲岡耕二・笹山晴生・白藤禮幸(校注)(1989–1998)『続日本紀』新日本古典文学大系 12-16、岩波書店

藤原定家本土佐日記:(1928)『土佐日記』尊経閣叢刊、育徳財団、国立国会図書館近代デジタルライブラリー

三宝絵詞:馬淵和夫・小泉弘・今野達(校注)(1997)『三宝絵 注好選』新日本古典文学大系 31、岩波書店

好忠集・為忠集:「新編国歌大観」編集委員会(編)(1983–1992)『新編国歌大観』角川書店

湯山聯句鈔:大塚光信・尾崎雄二郎・朝倉尚(校注)(1995)『中華若木詩抄 湯山聯句鈔』新日本古典文学大系 53、岩波書店

海人藻芥:続群書類従完成会(1959)『群書類従』28、八木書店(訂正 3 版)

大上臈御名之事:続群書類従完成会(1960)『群書類従』23、八木書店(訂正 3 版)

貴船の本地:萩野由之(1901)『新編御伽草紙』誠之堂書店

天草版平家物語:近藤政美・池村奈代美・濱千代いづみ(編)(1999)『天草版平家物語 語彙用例総索引(1)』勉誠出版

エソポのファブラス:大塚光信・来田隆(編)(1999)『エソポのハブラス 本文と総索引 本文篇』清文堂出版

日葡辞書:土井忠生・森田武・長南実(編訳)(1980)『邦訳日葡辞書』岩波書店

日本大文典:土井忠生(訳注)(1955)『日本大文典』三省堂出版

大蔵虎明本狂言:池田廣司・北原保雄(1972–1983)『大蔵虎明本狂言集の研究』表現社

狂言六義:北原保雄・小林賢次(1991)『狂言六義全注』勉誠社

蜆縮涼鼓集:鴨東蕨父(編著)(1979)『蜆縮涼鼓集』駒沢大学国語研究資料第 1、汲古書院

古事記伝:大野晋・大久保正(編集校訂)(1926)『本居宣長全集』9、筑摩書房

仮名遣奥山路:正宗敦夫(編纂校訂)(1929)『仮字遣奥山路』日本古典全集刊行会

浮世風呂:神保五彌(校注)(1989)『浮世風呂 戯場粋言幕の外 大千世界楽屋探』新日本古典文学大系 86、岩波書店

辰巳之園:水野稔(校注)(1958)『黄表紙 洒落本集』日本古典文学大系 59、岩波書店

酔姿夢中・短華蕊葉：洒落本大成編集委員会（編）（1978-1988）『洒落本大成』中央公論社
道中粋語録：水野稔（校注）（1958）『黄表紙 洒落本集』日本古典文学大系 59、岩波書店
女重宝記：日本私学教育研究所（1985）『日本私学教育研究所　調査資料　第 122 号』
蘭学事始：片桐一男（2000）『杉田玄白　蘭学事始』講談社学術文庫
夢酔独言：勝小吉（著）・勝部真長（編）（1969）『夢酔独言』東洋文庫 138、平凡社
道二翁道話：石川謙（校訂）（1935）『道二翁道話』岩波文庫
昔夢会筆記：渋沢栄一（編）（1966）『昔夢会筆記　徳川慶喜公回想談』東洋文庫 76、平凡社
旧事諮問録：進士慶幹（校注）（1986）『旧事諮問録　江戸幕府役人の証言』岩波文庫
当世書生気質：坪内逍遙（2006）『当世書生気質』岩波文庫
和蘭文典読法：松村明・古田東朔（監修）（2000）『和蘭文法書集成』11、ゆまに書房
吾輩は猫である：夏目漱石（1965）『漱石全集』1、岩波書店
三四郎：夏目漱石（1966）『漱石全集』4、岩波書店
多情多恨：尾崎紅葉（1993）『紅葉全集』6、岩波書店
胡蝶：『山田美妙集』編集委員会（編）（2012）『山田美妙集』1、臨川書店
野末の菊・浮雲：中村光夫（編）（1971）『二葉亭四迷・嵯峨の屋おむろ集』明治文学全集 17、筑摩書房
破戒：島崎藤村（1966）『藤村全集』2、筑摩書房
坑夫：夏目漱石（1966）『漱石全集』3、岩波書店
口語法別記：国語調査委員会（編纂）（1917）『口語法別記』文部省
童蒙必読漢語図解：松井栄一・松井利彦・土屋信一（監修）（1995）『明治期漢語辞書大系』5、大空社
都鄙新聞：至誠館（1868）『都鄙新聞』
伏見天皇宸記：増補史料大成刊行会（編）（1965）『増補史料大成』3、臨川書店
痴人の愛：新潮社（1970）『谷崎潤一郎集』新潮日本文学 6
桜の実の熟するとき：島崎藤村（1967）『藤村全集』5、筑摩書房
二十四の瞳：壺井栄（1997）『壺井栄全集』5、文泉堂出版

▶掲載図版一覧

12 ページ　稲荷山古墳出土鉄剣銘（埼玉県教育委員会）
13 ページ　神字日文伝
21 ページ　天平勝宝九年瑞字宣命（正倉院蔵）
33 ページ　石山寺本大智度論：『石山寺本大智度論古點の國語學的研究』（大坪併治（2005）、風間書房）より
57 ページ　方丈記〈大福光寺本〉（京都国立博物館蔵）
61 ページ　天草版平家物語（大英博物館蔵）
85 ページ　詞の八衢
85 ページ　てにをは紐鏡
87 ページ　牛店雑談安愚楽鍋（国立国会図書館蔵）
　　※引用元が記載されていないものは、『資料　日本語史』（沖森卓也編（1991）、おうふう）より

▶著者紹介

岡﨑友子（おかざき　ともこ）

1967 年生まれ。大阪大学大学院文学研究科博士後期課程修了。博士（文学）。大阪大学助手、就実大学人文科学部准教授、東洋大学文学部教授等を経て、現在、立命館大学文学部教授。専門は日本語史。著書・論文に、『日本語指示詞の歴史的研究』（ひつじ書房、2010 年）、「指示詞系接続語の歴史的変化―中古の「カクテ・サテ」を中心に―」（『日本語文法の歴史と変化』くろしお出版、2011 年）、「現代語・中古語の観念用法「アノ」「カノ」」（『バリエーションの中の日本語史』くろしお出版、2018 年）などがある。

森勇太（もり　ゆうた）

1985 年生まれ。大阪大学大学院文学研究科博士後期課程修了。博士（文学）。日本学術振興会特別研究員、関西大学助教・准教授を経て、現在、関西大学文学部教授。専門は日本語史。著書・論文に、『発話行為から見た日本語授受表現の歴史的研究』（ひつじ書房、2016 年）、「中世後期における依頼談話の構造―大蔵虎明本狂言における依頼―」（『歴史語用論の方法』ひつじ書房、2018 年）、「近世後期洒落本に見る行為指示表現の地域差―京・大坂・尾張・江戸の対照―」（『日本語の研究』15-2、日本語学会、2019 年）などがある。

ワークブック　日本語の歴史

2016 年 10 月 10 日　第 1 刷発行
2024 年 12 月 25 日　第 5 刷発行

著者　　　　　　岡﨑友子・森勇太

発行人　　　　　岡野秀夫

発行所　　　　　株式会社　くろしお出版
　　　　　　　　〒 102-0084　東京都千代田区二番町 4-3
　　　　　　　　TEL 03-6261-2867　　FAX 03-6261-2879
　　　　　　　　URL https://www.9640.jp　　email kurosio@9640.jp

印刷所　　　　　株式会社　三秀舎

本文・装丁デザイン　工藤亜矢子・伊藤悠（OKAPPA DESIGN）

©OKAZAKI Tomoko and MORI Yuta 2016　　Printed in Japan
ISBN 978-4-87424-706-8　C1081
●乱丁・落丁はおとりかえいたします。本書の無断転載・複製を禁じます。

01　稲荷山古墳出土鉄剣銘（表）を読んでみましょう

辛亥年七月中記乎獲居臣上祖名意富比垝

其児多加利足尼其児名弖已加利獲居

其児名多加披次獲居其児名多沙鬼獲居

其児名半弖比

（現代語訳）

月　　　日	学籍番号		氏名	

02 動詞活用形の歴史的変化をまとめてみましょう

課題１：下の活用表を埋め、変化しているところに印を入れましょう。
課題２：それぞれの活用の変化の理由を書きましょう。

①上二段活用から上一段活用へ

		語幹	未然	連用	終止	連体	已然仮定	命令
古代語	起く							
現代語	起きる							

変化の理由

②下二段活用から下一段活用へ

		語幹	未然	連用	終止	連体	已然仮定	命令
古代語	受く							
現代語	受ける							

変化の理由

月 日	学籍番号		氏名	

③四段活用から五段活用へ

		語幹	未然	連用	終止	連体	已然 仮定	命令
古代語	走る							
現代語	走る							

変化の理由

④ナ行変格活用から四段（五段）活用へ

		語幹	未然	連用	終止	連体	已然 仮定	命令
古代語	死ぬ							
現代語	死ぬ							

変化の理由

⑤ラ行変格活用から四段（五段）活用へ

		語幹	未然	連用	終止	連体	已然 仮定	命令
古代語	あり							
現代語	ある							

変化の理由

03 平安時代の話し言葉と桃尻語

橋本治氏が書いた『桃尻語訳枕草子』(河出書房、1998年)では、平安時代の『枕草子』のことばが「桃尻語」という若者の話し言葉を模した言葉で訳されています。

課題1:平安時代のことばと桃尻語を比べて、その特徴を考えましょう。
- 清少納言は下品なことばについてどのように述べているでしょうか。
- とがめている言葉や発音に線をひきましょう。

平安時代語

　ふと心おとりとかするものは　男も女もことばの文字いやしう使ひたるこそよろづの事よりまさりてわろけれ。ただ文字一つに、あやしう、あてにも、いやしうもなるは、いかなるにかあらむ。さるは、かう思ふ人、ことにすぐれてもあらじかし。いづれをよしあしと知るにかは。されど、人をば知らじ、ただ心地にさおぼゆるなり。

　いやしきこともわろきことも、さと知りながらことさらに言ひたるは、あしうもあらず。我もてつけたるを、つつみなく言ひたるは、あさましきわざなり。また、さもあるまじき老いたる人、男などの、わざとつくろひひなびたるはにくし。

桃尻語

　急に幻滅とかするもんは、男も女も言葉の文字を品がなく使ってるっていうのがさァ、ホーント、どんなことより一等、ダサイわね。たった文字一つで、ヘンなもんだけど、優雅にも下品にもなるのは、どういうことなんだろうね。

　(そんでもさ、そう思ってる人間が特別にすぐれてもいない訳よね。どれが"いい"で"悪い"かって、知るもんかァ——でもさ、人は知らないよ、ただハートでそう感じるのよね。)

下品な言葉もダサイ言葉も、そうと知っていながら殊更に使ってるのは、悪くもないのよ。自分が使いつけてるのを用心なしで言っちゃうのがあさはかなことなのよ。

　あと、そんな風でもない年寄り、男なんかが、わざと真似して田舎くさいのは、ムカつくね。

月　　日	学籍番号		氏名	

まさなきこともあやしきことも、大人なるは、まのもなく言ひたるを、若き人はいみじうかたはらいたきことに、消え入りたるこそ、さるべきことなれ。

　何事を言ひても、「その事させんとす」「言はんとす」「何とせんとす」と言ふ「と」文字を失ひて、ただ「言はんずる」「里へ出でんずる」など言へば、やがていとわろし。まいて文に書いては、言ふべきにあらず。物語などことあしう書きなしつれば、言ふかひなく、作り人さへいとほしけれ。「ひてつ車に」と言ひし人もありき。「もとむ」といふ事を「みとむ」なんどはみな言ふめり。

　よくない言い方も下品な言い方も、一人前になってる人間は平気な顔して言ってるけど、若い子はメッチャクチャきまりが悪いって風におどおどしてるっていうの、ホント、しょうがないことなんだよね。

　どんなことを言うんでも、"そのことをそうしようってさ" "言おうってさ" "どうしようってさ" っていう "って" の字をなくして、ただ "言おうさァ" "家に帰ろうさァ" なんて言うと、そんだけですっごいダサイ。ましてよ、手紙に書いてじゃ、言うべきにもあらずよ。

　物語（しょうせつ）なんていうのはホーント、悪い言葉で書いてあったりしちゃうと、どうしようもなくって、作者までが気の毒だわよねェ。

　"一つ車（しと）に" って言ってた人もいた。"求（もと）める" ことを "認（みと）める" なんかは、みんな言うみたいよ。

この段で取り上げられている清少納言の言葉に対する考え方をまとめましょう。

04 『天草版平家物語』と『平家物語』

　『天草版平家物語』と原拠本とされている『平家物語』を対照すると、中世の間に起こった言葉の変化がよくわかります。ここでは、『平家物語』巻第1「祇王」と、対応する箇所である『天草版平家物語』（巻第2第1）を見てみましょう。

課題1：『天草版平家物語』で『平家物語』と違うところを○で囲みましょう。

『平家物語』

　かくて三年と申すに、又都に聞えたる白拍子の上手、一人出で来たり。加賀国の者なり。名をば仏とぞ申しける。年十六とぞ聞えし。「昔よりおほくの白拍子ありしが、かかる舞はいまだ見ず」とて、京中の上下、もてなす事なのめならず。仏御前申しけるは、「我天下に聞えたれども、当時さしもめでたう栄えさせ給ふ、平家太政の入道殿へ、召されぬ事こそ本意なけれ。あそび者のならひ、なにか苦しかるべき、推参して見む」とて、ある時西八条へぞ参りたる。人参つて、「当時都にきこえ候仏御前こそ、参つて候へ」と申しければ、入道、「なんでう、さやうのあそび者は、人の召にしたがうてこそ参れ。左右なう推参するやうやある。」

『天草版平家物語』

さうして三年目に、また都に聞こえわたった白拍子の上手が一人出来たが、加賀の国の者で、名をば仏と申した．年は十六でござった．「昔から白拍子もあったれども、このやうな舞ひはいまだ見ぬ」と言うて、京中の上下もてなすことは限りがなかった．仏御前が申したは：「われは天下に聞こえたれども、当時さしもめでたう栄えさせらるる西八条へ召されぬことこそ本意ないことぢゃ：遊び者の習ひなれば、定めて苦しうもあるまい：いざ推参してみよう」と言うて、ある時西八条へ参ったれば：人が参って、「当時都に聞こえまらした仏御前こそ参ってござれ」と、申したれば：清盛「何ぢゃ？そのやうな遊び者は人の召しに従うてこそ来る者なれ、左右なう推参することがあるものか？」

| 月　　　日 | 学籍番号 | | 氏名 | |

課題２：課題１において、自分で○で囲んだことばについて、辞書等で調べてみましょう。

05 『浮世風呂』から見る江戸時代の東西差

　滑稽本『浮世風呂』二編上には、上方の女性（かみがた）と江戸の女性（お山）がお互いの文化やことばの違いについて語る場面があります。その場面を読んでみて、当時人々が意識していた地域差を考えてみましょう。

課題１：かみがたとお山のことば遣いから、以下の要素を○で囲み、①～⑤の番号を書きましょう。

① 断定の助動詞　　② 理由の接続助詞　　③ ai の連母音
④ 合拗音　　⑤ 「叱る」の発音

（山）「江戸ッ子のありがたさには、生れ落から死まで、生れた土地を一寸も離れねへよ、アイ。おめへがたのやうに京（きやう）でうまれて大坂（おほさか）に住（すま）つたり、さまざまにまごつき廻（まは）つても、あけくのはてはありがたいお江戸（えど）だから、けふまで暮してゐるじやアねへかナ。夫だから、おめへがたの事を上方（かみがた）ぜへろくといふはな

（かみ）「ぜへろくとはなんのこつちやヱ

（山）「さいろくト

（かみ）「さいろくとはなんのこつちやヱ

（山）「しれずはいゝわな

（かみ）「へへ、関東（くわんと）べいが。さいろくをぜへろくと、けたいな詞（ことば）つきじやなア。お慮外（りよぐわい）も、おりよげへ。観音（くわんのん）さまも、かんのんさま。なんのこつちやろな。さうだから斯（かう）だからト。あのまア、からとはなんじやヱ

（山）「「から」だから「から」さ。故（ゆゑ）といふことよ。そしてまた上方（かみがた）の「さかい」とはなんだへ

| 月　　日 | 学籍番号 | | 氏名 | |

(かみ)　「さかい」とはナ、物の境目じや。ハ。物の限る所が境じやによつて、さうじやさかいに、斯した境と云のじやはいな

(山)　「そんならいはうかへ。江戸詞の「から」をわらひなはるが、百人一首の哥に何とあるヱ

(かみ)　「ソレソレ。最う百人一首じや。アレハ首じやない百人一、首じやはいな。まだまア「しやくにんし」トいはいで頼母しいナ

(山)　「そりやア、わたしが云損にもしろさ

(かみ)　「ぞこねへ、じやない。云損じや。ゑらふ聞づらいナ。芝居など見るに、今が最後だ、観念何たらいふたり、大願成就忝ねへ何の角のいふて、万歳の、才藏のと、ぎつぱな男が云ふてじやが、ひかり人のないさかい、よう済である

(山)　「そりやそりや。上方もわるいわるい。ひかり人ツサ。ひかるとは稲妻かへ。おつだネヱ。江戸では叱るといふのさ。アイ、そんな片言は申ません

(かみ)　「ぎつぱひかる。なるほど。こりや私が誤た。そしたら其、百人一首は何のこつちやヱ

(山)　「からトいふ詞の訳さ。能お聞よ。百人一首の哥に、文屋康秀、吹からに、秋の草木のしほるればトあるよ。ソレ吹からに、ネ。よしかへ。吹ゆゑにといふことを、吹からにさ。なんぼ上方でさかいさかいと云ても、吹さかい、秋の草木のしほるればとは、詠はいたしやせん

課題２：どちらがどの要素を用いているか、表にまとめましょう。

	かみがた	お山
断定の助動詞		
理由の接続助詞		
ai の連母音		
合拗音		
「叱る」の発音		

06 明治時代の人々の話し方

近代の作品では、『安愚楽鍋』や『当世書生気質』など、新しい語彙を取り入れる人々が描かれている作品があります。
それらの作品から近代に特徴的な書生の言葉遣いを観察しましょう。

課題１：『安愚楽鍋』から漢語を見つけて、○で囲みましょう。

ハテサ何にならふともおぼへさせてをきやア商人は商人、工人は工人だけの開化だネ。まづ目今御新政の有がたいことにやア四民同一自主自立の権を給はり、苗字帯剣袴でも洋服でも馬でも馬車でも勝手次第、たとへ空乏困迫の我輩たりとも往時の我輩にあらず。ここが則ち自主自立の権だ。しかし自立の権だの自由の理だのと一ト口に解イてきかせると無学文盲野蕃の徒はそんならその身の勝手なことをしても善悪とも政府でおとがめはないものだとおもふやからがあるからこまるヨ。此節都鄙遠近となく説教がおひらきになツて諸社諸宗の教道師が勉励するが僕が此職を命ぜられりやア静岡の中村先生が訳した自由の理を訳解てきかして世の曚昧を醒さしたい者だテマヅ一盃。

| 月　　　日 | 学籍番号 | | 氏名 | |

課題２：『当世書生気質』から外来語を見つけて、○で囲みましょう。
　　　　また、漢文訓読調の部分を抜き出し、下線をひきましょう。

本郷龍岡町の下宿屋、下山といふ家の奥の一間に、足踏延してはらばひ臥したる継原青造、読さしたる『時事新報』をはふりだしながら、

継「オイ山村。どうしたネ。いよいよ一件は確定（セットル）したか。」

山「尚（ナット・エット）だ。しかし別に金儲の口ができた。」

継「どうして。」

山「ナニサ、汗牛堂の翻訳がネ、一葉十行二十字で以て、二十五（トエンテイ・ファイブ）銭といふ約束さ。あんまり廉（ツウ・チイプ）い。だから嬉しくはないが、千里の能ある駿足といへども、これを知るの伯楽なければ、余儀なく平凡の駑馬と伍して、我多々々馬車を牽かざるを得ずだ。我々の労力を廉価に売ッちゃア、いくらか見識が下る訳だが、これも勢のしからしむる所、財政危急の今日に在つては、是非に及ばぬといふ次第さ。それゆゑその価値で甘心して、やってやるつもりに約束した。」

1603 徳川家康幕府開く（江戸時代）	近世	文禄 (1592-1596)	1593 『天草版伊曽保物語』
		慶長 (1596-1615)	1603 『日葡辞書』
			1604 『日本大文典』
		元和 (1615-1624)	
		寛永 (1624-1644)	1632 『懺悔録』
			1642 『大蔵虎明本狂言』 狂言
		慶安 (1648-1652)	
			1682 『好色一代男』（井原西鶴）浮世草子
			1692 『奥の細道』（松尾芭蕉）俳諧
			1693 『和字正濫抄』（契沖）歴史的仮名遣い
			1695 『蜆縮涼鼓集』
			1703 『曽根崎心中』（近松門左衛門）人形浄瑠璃
		享保 (1716-1736)	
		延享 (1744-1748)	1746 『月花余情』洒落本
		寛延 (1748-1751)	
		宝暦 (1751-1764)	
		明和 (1764-1772)	
		安永 (1772-1781)	1774 『解体新書』（杉田玄白）
		天明 (1781-1789)	
		寛政 (1789-1801)	1790 『古事記伝』（本居宣長）
			1802 『東海道中膝栗毛』（十返舎一九）滑稽本
		文化 (1804-1818)	1806 『詞の八衢』（本居春庭）
			1809 『浮世風呂』（式亭三馬）
			1814 『南総里見八犬伝』（曲亭馬琴）
		文政 (1818-1830)	1825 「東海道四谷怪談」初演
		天保 (1830-1844)	1833 『山口栞』（東条義門）
			1843 『夢酔独言』（勝小吉）
		安政 (1854-1860)	
		慶応 (1865-1868)	
1868 明治改元	近代	明治 (1867-1912)	1867 『和英語林集成』（ヘボン）
1869 東京遷都			1870 「横浜毎日新聞」発刊